网络营销168招

郑俊雅十二年互联网营销实战秘诀

郑俊雅◎著

電子工業出版社
Publishing House of Electronics Industry
北京•BEIJING

赞 誉

任拥军

广州小犇牛餐饮管理有限公司 总经理

多年前，当时我与朋友开了一家互联网培训公司，经朋友介绍，我认识了俊雅老师。刚见面时，看对方是一个毛头小伙子，我不屑一顾。可是，不到十分钟，俊雅老师和我分享的互联网经验和思路，立马征服了我。我决定放弃自己的公司，跟随老师学习。四年前，在老师的帮助下，我开了一家甜品连锁公司，短短几年时间，在全国各地开了将近300家店。这么多年来，老师不断地鼓励我、支持我，让我今天的事业越做越大，我非常感谢老师。

逐鹿

电商专家

俊雅老师是一个懂得感恩的人，他从多年的互联网实践中获得丰富的经验，今天，他要全部分享给读者，为此，我深深佩服。

周志辉

互联在线业务副总裁

公司股票代码835727

在这快速变化的年代，俊雅能坚守行业道德高度，自然让人肃然起敬。网络营销168招，每一招都来源于俊雅的实践，不讲大话，全部都是“干货”。我觉得学几招可就业，系统学会可成专家！

梁美红

深圳感恩艾健康科技有限公司 创始人

本书适合企业的高层、中层和基层一起学习，本书确实与其他书籍不同，书中每一种神奇的营销方法，都散发着人性光辉和心灵智慧。

拿督曹耀群博士

金融科技国际基金会主席

我与俊雅老师已经认识好多年了。俊雅老师一直秉持实战为本的理念，坚持思维与执行力并重。本书将与你分享大量的实战案例，让你获得最大的价值及互联网思维上的碰撞。

刘俊辰

养生密码品牌创始人

我和俊雅认识有七八年了。他对互联网的虔诚及对营销细节研究的匠心，让我印象深刻。每当我的网络营销工作遇到瓶颈，我就会抽空去学习一下他分享的经验，很多时候，他的一点启发，就会带来我们业绩井喷式的爆发。《网络营销 168 招》一定会让整个营销圈为之疯狂。感谢俊雅，感恩这个时代！

紫雨老师
吸引力法则
权威专家

俊雅老师的互联网之道，一以贯之。他不哗众取宠，但他的经验能让你很受用。他与一般的培训师不同，他喜欢做各种测试，在实践中挖掘真相，破除营销界各种误导人的迷思与假象。仅看目录，就知此书包罗万象。

查晓忠
常州市卡宴电子科技有限公司 总经理

俊雅老师是我在一次偶然的搜索中认识的，其钻研精神令人叹为观止。他对互联网一直充满热情，他分享的方法很独特，而且很有效果，我认真学习之后，产品销量达到全国第一！挣到了人生第一桶金！

林伟宇
收藏家

《网络营销 168 招》揭开了互联网最为核心的营销密码。真可谓招招制胜，一书永恒！

王豪坤
贴身短打第一代传承人
贴身短打功夫会馆
创始人

网络营销 168 招，总有一招适合你。

傅庆军

广州真朴苑董事长
广州市工艺美术大师
非物质文化遗产岭南押花艺术项目代表性传承人

七年前，我在网络上分享了一段话："笔者斗胆断言，郑俊雅，必将成为中国互联网不可多得的思想家。"

衷心祝愿俊雅老师不忘初心，勇攀高峰，永远把前进的路作为新的起点！

王从云

合纵商学院
联合创始人

与俊雅老师相识七八年了，能感受到他对互联网的研究，像宗教信徒般专注和虔诚，又像科学家一样严谨和勤奋。学习者能从他的课程中得到融合了道、法、术、器为一体的系统思维、方法和技术。我对俊雅老师 12 年呕心沥血的作品心存敬畏！相信这也是许多从事互联网营销的朋友们的一大福祉。

吴国梁

广州全智数码科技有限公司 总经理

俊雅是我认识多年的老朋友，他一直专注研究互联网，12 年磨一剑！多年以来，我一直坚持用俊雅的互联网思维管理我的企业，受益良多。

郑瑞雅
电商营销专家

此书教导我们，做好传播源，分享正能量。你会发现，你若分享，客户自来；你若精彩，天自安排！

钟善松
万福信息科技
总经理

2015 年，我与俊雅老师第一次交流，一见如故。之后，我们邀请老师来万福国学院指导网络营销工作，他给我们带来了全新的互联网发展思路。老师多次教导我们：广结善缘稳步走。

唐炼
广州太医苑中医
连锁门诊 院长

在传承古法中医和推广小儿推拿的路上，我们遇见了俊雅老师。老师沉稳的网络营销理念与简单实用的操作方法，让我们能更好地帮助更多的妈妈实现“让孩子不打针少吃药的梦想！”

陈刚
链脉名片创始人

俊雅老师的刻苦钻研精神和无私奉献精神值得我钦佩。他是一个有格局、有大爱、有智慧而且有崇高品德的老师，他的课程不仅落地，而且带给大家深刻的启发。

金华良

绍兴同城包邮创始人

无论是网络营销高手，还是互联网菜鸟，都有必要认真学习本书，因为它是俊雅老师 12 年网络营销的精髓。此书用最朴实的思路阐释了互联网营销的真谛和实操方法。

邱厚贤

企业劳动保障网首席劳动关系管理顾问

俊雅老师的分享，每次都让我耳目一新，收获颇丰。他睿智的头脑、刻苦钻研的精神一直鼓励并感动着我。

谢幸材

慧真山人

万福在线国学院创始人之一

俊雅老师的声音，给人一种实在的感觉。他传授的营销经验和技巧，都是他在多年互联网实践工作中亲自总结或创造的。

陈刚

MBA

润云（深圳）医院管理有限公司 CEO

得知俊雅要出版此书，我第一时间订购了几十套，有诸多的期待！每次，俊雅分享的互联网道法，都让我慨叹“天外有天”。俊雅在互联网上潜心钻研多年，今天终于把经验汇总于此书，可喜可贺。

杨继华
混沌电商创始人

俊雅老师是国内互联网界最实战的网络营销创业者和布道者！本书实战精炼，招招高效！这本书，可以让你节约十年以上自己独自探索的时间！

李甜硕
联世国际在家创业系统

我跟随俊雅老师学习很多年。老师不仅拥有刻苦的钻研精神，而且为人温和、态度谦恭。

刘桂福
广州疯狂手机维修培训学校

12 年坚持不懈专注于互联网营销，无数日夜刻苦钻研，取得数不胜数的成就，这就俊雅老师！俊雅老师集 12 年之大成，呕心沥血，写出《网络营销 168 招》，我等需要好好研读、用心领会。168 招，招招实战，式式精彩，值得拥有！

范艺朝
广州法麦餐饮管理有限公司 网络总监

初识俊雅老师，还是“小白”一枚。承蒙俊雅老师启蒙，互联网上的各种营销方法，我均有涉猎。多年之后，才逐步理解俊雅老师分享的道、法、术。互联网技巧何止万千，但更重要的是思维，要分析研究的，是一切互联网营销案例背后的思维！

李永友

大连米云科技
有限公司 总经理

我与俊雅相识于网络。他是一个非常聚焦的人，他的思维和经验影响了很多人，他的学生现在好多都是业内“大咖”。

黄景全

国佳富强投资管理
有限公司 CEO

网络营销 168 招，每一招都是真正的干货。本书犹如互联网上的一盏明灯，让你的营销之路不再迷茫。

徐义

微谷

一个人要想有所成就一定是这样的：读万卷书+行万里路+阅人无数+名师指路+自己领悟 。如果你想做好互联网营销，不妨读一读此书，你会看到一个不一样的互联网世界。

孙志阳

武汉信诺汽车服务
有限公司 运营总监

大多数网络营销书籍，往往都会在一两年后过时。但本书，我觉得未来十年都不会过时。

符豪

广州恒亚企业管理服务有限公司 创始人之一

本书，可以带领我们去感受更高的思考维度。

张建军

浙江房乐网络科技有限公司 董事长

初次认识俊雅老师，觉得他是一位温文尔雅、风趣幽默的文人，加深了解之后，发现老师在道德品行上要求很高。俊雅老师的互联网营销经验，让我重新认识网络营销，让我的思维有了隐形的翅膀，在网络营销的天空中自由飞翔。

石宏涛

广州精品电商团队创始人

实践俊雅老师的营销方法之后，我团队的利润在半年内增加了五倍。在俊雅老师的帮助下，我肯定会不断突破，事业越来越好。

贾清运

商业模式设计专家

俊雅老师十多年真诚付出，在互联网营销领域探索前行，他的经验让越来越多人获益。他的书，各位企业负责人一定要用心阅读。

嗨皮哥·吴
漫画家

俊雅老师曾说："互联网的最大魅力，在于今天依然为时不晚。"这句话，让我们一直充满激情地在"互联网+"时代勇往直前、创意无限。

湘北
大北国际 董事长

俊雅老师在互联网营销领域深耕多年，他的故事印证了佛家的一句话，"制心一处，无事不办"。

王映雪
万商推营销软件创始人

俊雅老师不但与大家分享高效落地的方法，还与大家分享独特震撼的思维。他用自己积极向上的力量影响着身边的每一个人。相信本书，一定能照亮你的网络营销之路。

刘阳
伊顿商务

俊雅老师的营销经验，让人学后充满信心、内心平和、步伐稳重且收获明显，因为他始终教导我们要用长远之心去规划互联网事业。他是互联网络上的践行者、朝圣者！他用十年磨一剑的功夫探索互联网的博大精深。

周高云

深圳微谷创始人

实体转型系统权威专家

中国传统实体经济不太好做的主要原因是，没有用全网营销把品牌快速推广出去！很多企业做传统品牌花费了很多钱，但投入“大象”产出“蚂蚁”，投入“篮球”产出“乒乓球”！此书非常落地、实用、实效！是企业总裁和从业人员的必读书！

齐建朋

佛山微谷创始人

权威销售专家

当你认真读完本书，你会感叹：没想到一个年轻人能够写出如此深刻的互联网营销书籍。但是，俊雅老师在写这本书之前，已经脚踏实地奋斗和沉淀了十多年。实在令人心生敬意。

树梢 · 曾桂林

网络营销专家

执此书，可走天涯。若迷茫，读此书，内心宁静。此书启迪心灵，让你的网络营销生涯扬帆千里。

这是一本什么书？

仲昭川

（“互联网学”三部曲作者）

这是一本宗师之作。

俊雅几千万字的耕耘，伴随他的教学教程，早已遍撒互联网，桃李芬芳。

经千锤百炼、推陈出新，俊雅的网络营销专著终于问世。此书既出，新一代宗师浑然现身。

六年前我注意到俊雅在网络上分享的互联网经验，惊喜之余，居高临下给他留言，予以褒贬。我也知道，当打之年的陌生高手是不吃这一套的。很意外，俊雅进行了中肯的回复，一派大家风范。这都是网上公开的交流。从此互为知己。

俊雅有天赋、极刻苦，更有对互联网的热爱，如生命般。

后来他专程从广州到北京看我，执弟子礼。我说，假和尚多如牛毛，你的实战真经应尽快出书。他说，还需修炼。那是迄今跟俊雅仅有的一次见面，依依惜别。

两年过去，俊雅声誉日隆，众多出版社的约稿，才有了这本宝典。

凡所人类的认知领域，皆可分为道、经、技三界，也可分为感应知、默契知、形式知。俊雅此书，简而化之，融为一体。

道的层面上，说出来就错，但我对他由衷地欣赏和钦佩，总是隐藏不住。我们远隔千里，却在互联网的实质问题上，分别得到如出一辙的结论。这是感应知。

我们没有相同的经验，却能在网络营销的黑森林中不约而至。这是默契知。

不知是我尚未落伍，还是俊雅的智慧远超年龄，我们毕竟差了二十岁。可是，对互联网的认知，彼此不分轩辕。

俊雅至今还声声叫我老师，令人惭愧。看罢此书初稿，竟是在技的层面上展示了他的道法。

正所谓神乎其技。

就形式知而言，无非是语言、文字、图表或数据之类，公众对不断变化的新领域，大都是人云亦云、不知所云。在崇尚实战干货的营销业界，会做的不愿说，爱说的不会做。

这一回，俊雅越众而出，送上了“满汉全席”。

一招一式，都是俊雅亲自应验过多少次的。俊雅无数的“粉丝”中，有不少人得到过他一对一的亲传，口碑甚好。

大众都翻滚在被外界接纳的渴望中。网络营销，每个人都在做。这是个营销的时代。

然而，互联网带来的不是有效信息的爆炸，而是垃圾信息的拥堵。艰难地发出自己的声音，也是噪音中的噪音。彼此淹没，这又是个遗忘的时代。

无疑，对于这一切，俊雅洞若观火。

因此，这既是一本与众不同的工具书，也是一部深刻感人的教科书，适合不爱看书和爱看书的人。

对于企业，均可照方抓药，甚至不妨生搬硬套。

兴奋中啰唆这些话，实在耽误读者。您不如略过，去看俊雅的正文。

谨此为引。

丁酉年夏

原来，这一切是平等的

陈惠兵

（浙江你的课网络科技股份有限公司 CEO）

这本书，我认真阅读了几遍，有一种相见恨晚的感觉。

原来，互联网世界可以如此精彩，如此充满惊喜，如此富有禅意。

这本书，内容涵盖互联网营销的各个领域，全面而系统，清新而深刻，令人回味无穷。

阅读这本书，我做了很多笔记，后来发现震撼的内容实在太多，于是决定干脆不做笔记，而是放下杂念、发自内心、全神贯注地去感受这本书的每一章、每一句。

过去的几年，我阅读过大量的互联网书籍，但是，这本书却带给我与众不同的感受。这本书，既实战，又深刻；既高效，又感人。

书中讲述的各种网络营销方法，令人拍案叫绝；各种互联网创业故事，令人感慨良久；各种心得体会，令人恍然大悟。

这本书，我们面带微笑去阅读，更能体会书中阐述的互联网精神和大爱。

这本书告诉我们，身处巅峰与暂居谷底是平等的，因为互联网瞬息万变，一切角落都充满着机会，只要我们学会用长远之心去规划自己的互联网事业，每一步积累，都会让我们问心无愧、淡定从容。

这本书告诉我们，互联网上，“大咖”与新手是平等的，因为移动互联网让一切行业重新洗牌，各种最新平台和APP让高手易位，只要我们心存希望、厚积薄发，就能清晰前行、创作奇迹。

这本书告诉我们，大公司与小公司是平等的，因为互联网时代，我们可以借用的资源非常丰富。只要我们放眼四周，用心观察，认真整合，就能迅速打造自己的优势，乘风而起。

这本书告诉我们，技术与心法是平等的。因为没有心法指引的技术，犹如一盘散沙；没有技术支撑的心法，犹如空中楼阁。技术与心法，两者相辅相成。

这本书告诉我们，顾客买或不买，今天买或明天买，买多还是买少，也是平等的。人生在世，修行第一，与人为善，皆大欢喜。广结善缘，才是互联网营销的本质。

这本书告诉我们，旺季与淡季是平等的。懂得互联网真谛的人，知道四时更替、阴晴圆缺、人情冷暖、世人褒贬和生意好坏，皆是自然之事。只要我们在淡季中依然心存善念、积蓄力量，那么，旺季并不遥远。

我很庆幸能够第一时间读到这本书。这本书阐述的互联网大道、思维和方法，不是固定、呆滞的，而是辩证、变化、自由、惊喜且富有生命力的。

互联网犹如一片全新的草原，在这一望无际的草原上，如果有此书与你为伴，那么，或许就是最值得欣慰的事情了。

推荐序 3

一个信仰互联网的人

刘 远

（宝亿莱家居 总经理）

俊雅对互联网有着与众不同的热爱和精湛的研究。

俊雅是我身边极少数能够专注一个行业十几年的年轻人之一。

他用独特的思维观察、分析和研究互联网营销的各个领域。任何普通的互联网角落，他都能瞬间发现其中蕴藏的奥秘与机会。

他说话非常简练，他喜欢用清晰的思路诠释互联网各种最新的趋势、模式和方法。他不喜欢说一些重复的话，他总是希望在有限的时间里带给人们更多的惊喜。

他的这些习惯，与他对互联网的敬畏有着密不可分的关系。

每次和他见面，他都会把手机整齐地摆放在桌面上，手机下面会垫着洁白的纸巾。他对待计算机、手机和互联网的态度，是生活中罕见的。

有一次，我问他：“你信仰什么？”

他回答：“如果一定要选一个答案的话，那么，我信仰互联网。”

他对国学有着狂热的兴趣。他一直在寻找互联网的根。他经常说：“没有国学引导的互联网，是迷茫的；没有国学支撑的互联网，是无根的；没有国学陪伴的互联网，是浮躁的。”

多年来，他尝试着用福尔摩斯的思维去研究互联网，用传统文化的深度去感受互联网，用佛家行者的态度去体验互联网。

十多年的专注，他有了很多收获。他是一个乐于分享的人。分享精神，贯穿了他过去十几年的互联网奋斗历程，也融汇于本书 168 招的一招一式之中。

读者有机会阅读这本书，是幸运的。

俊雅毫不吝啬地与大家分享了十二年来最高效的方法和最深刻的感悟。

这本书，读起来很有趣，也很有收获，因为这本书有三个特点：一是经典感人的案例和故事带给读者很多触动，二是深刻独到的思维和观点带给读者很多启发，三是清晰高效的流程和细节带给读者很大信心。

现在，放下一切杂念，闻着书香，开始阅读这本真诚又震撼的书籍吧！说不定，你的人生将从此与众不同！

十二年的专注，凝聚成这本书

马　涛

（著有《淘营销》《淘品牌》《淘宝转微商，正在风口》《淘宝直播风口下的电商新玩法》等）

俊雅老师早该出书了。

有一天，俊雅老师找我咨询出书的流程事宜，我很高兴，就说："俊雅，你早该出书了，读者都望眼欲穿了。"

我的最大受益就是源于出书。那是 2011 年，我把自己做淘宝的经验做了总结，写成了《淘营销》，居然非常畅销。自从有了"畅销书作者"这个身份后，很多人知道了我，我也用这个身份当了敲门砖，认识了很多好朋友，俊雅老师也是那时候认识的。

我力劝俊雅老师出书，除了我自己尝到了甜头之外，更主要的是他的钻研精神和实战招数实在太多、太实用，应该让更多的读者受益！

说句不客气的话，出了几本书之后，我已经有识别真正干货的那种直觉，知道哪些知识是读者真正需要的，而真正的干货知识凝结成的书，一定能持久畅销，靠的就是口碑。俊雅老师的知识体系就是这样的，因为我听过他的课，系统学习过，对此深信不疑。

在很多谨慎的人心中，书是值得敬畏的，出书是神圣的，不积累到一定厚度，是不敢贸然出手的，生怕亵渎了神圣的书籍。

但是，当下有好多人因为“粉丝”多、营销模式好，再加上有钱自费，自己甚至不动手写一个字也成了“畅销书作者”，这种滥竽充数的行为，让精品图书越来越少，垃圾图书越来越多，也在一定程度上导致了看书的人越来越少。

我劝俊雅老师出书，也是希望书架上多一些真正的精品书。实际上，俊雅老师的知识储备量，早已远远超过了一个精品图书的作者所应具备的了，只是他对自己的要求太高了。

本书虽然名为 168 招，然而，每一招都可以独立使用，立即见效。

但是，如果不多读几遍，是无法学到深厚内功的。这个内功，就是招与招之间深层联系所隐含的能量和可能性。

俊雅老师的知识也是有框架、有体系的，而且是相互关联、环环相扣的有机体，只有从书中读出了这些，才真的算是学到了俊雅老师互联网营销经验的精髓。

拿到一本好书，先要读薄，就是提炼框架体系出来，拿到了这个，就像学会了北冥神功，以后见到任何武功招式都会被吸进来成为你自己的。再从薄读到厚，就是把每一招填充到骨架里，知道来龙去脉，这样就可以学以致用。

俊雅老师的这本书，值得你这样去学习，如此，读此一本，就把俊雅老师研究了十二年的功力逐步化为自己的了！恭喜你！

遇见互联网的那一天，就是恩典

心存敬畏，感恩互联网！遇见互联网的那一天，就是恩典！

我研究互联网营销十二年，每天平均与200位网商交流探讨互联网。在大量的交流中，我发现大部分网商都存在或遇到这样的问题：

很迷茫。

不同阶段，迷茫的问题不同。

缺乏长远之心。

学会一招半式，便自诩甚高，以偏概全。

发现新的平台或APP热门，便全盘抛弃之前的其他互联网平台和网络营销方法。

研究任何网络营销方法，都希望马上变现。

看到别人赚钱，就改行模仿别人的产品。

对于网络营销方法，浅尝辄止，没有深入研究并灵活运用。

没有下定决心把一个小商标做成一个大品牌。

充满自信却看不到其他天才，没有高效调用庞大的威客资源。

热衷参加各种活动，却没有静心专注自己的领域。

喜欢到处整合资源，却没有下苦功打造自己的核心竞争力。

为了帮助网商朋友走出困境并做好网络营销，我总结过去十二年的网络营销研究心得和实践经验，汇总为本书六大部分，三十六章，168招，基于互联网的道法术，涵盖网络营销的各个主要领域。

本书总结的网络营销六大部分，分别为**开拓**、**创造**、**丰富**、**精彩**、**做大**和**走远**。

开拓，是通过十二大主流网络营销方法打造基础，奠定基本面。

创造，是通过文案和图片，富有创意地规划、设计、诠释、剖析、介绍公司、品牌和产品。

丰富，是通过课程、表情、动画、音乐、微电影和游戏完善或升级网络营销的传播源和传播方式。

精彩，是借助创意道具，结合线上线下，设计精彩活动，盘活整个网络营销体系。

做大，是借助合作营销整合资源，借助庞大的威客资源扩大推广效益，借助付费营销节省内部人力和时间并稳定吸引精准流量，完善客服体系以提高转化率。

走远，是从心出发，坚持创意，打造品牌，以长远心制定并落实可持续的发展战略。

本书具有以下特点：

一、系统与细节结合

品牌营销、走心营销、创意营销、组合营销和O2O营销是总，其他营销方法是分。总的各章，为全书的方法体系确定方向、注入底色和塑造风格；分的各章，让各种绝招各具特色、彼此呼应并形成循环。

二、现在与未来结合

大部分网商注重眼前的努力，却忘记了针对未来的设计和规划，以至于暂时表面繁荣，未来却黯然失色。本书引导读者高效做好当前手上的各种方法，并以长远心设计、规划、准备和铺垫未来需要用到的各种方法，让现在和未来一脉相承，实现可持续发展。

三、PC互联网与移动互联网结合

守旧的网商注重PC互联网的各种营销方法，而忽略了移动互联网。年轻的网商注重移动互联网的各种营销方法，而忽略了PC互联网。这两者，都有失偏颇。本书将PC互联网与移动互联网的各种营销方法结合到一起，让网商感受完整的互联网带来的影响力和机会，让网商不因偏守一隅而错失互联网商机。

四、自主案例与实战分析结合

很多网络营销书籍分享的案例，大多是世界500强或国内电商巨头。此类案例，对于大部分网商而言，遥不可及、模糊不清或可有可无。网商们觉得：巨头们动辄投入数百万、数千万去推广，如若我等有此资金实力，也能在互联网上创造奇迹，不足为奇。

我多年与各个领域的网商打交道，知道网商们各有苦衷，例如，资金紧缺、人才流失、收入不稳定、创始人迷茫、大方向找不准、任务执行偏离本质……

为帮助网商们切实做好营销工作，本书列举的案例，大多是我亲自打造或参与的案例，执行起来，起步容易、流程清晰而且效果明显。

五、效果与流程结合

很多书籍介绍的网络营销效果，神乎其神，流程却模糊不清，此类方法或案例，大多为道听途说。网商们看后，无从做起。

本书介绍的各种网络营销方法，既介绍效果，也介绍流程。让读者快速看到每招能够创造的效果，也让读者清晰看到、学到每招落实和执行的具体流程或步骤。

六、内容创作与网络推广结合

好内容与好推广，需要相互结合，高效搭配。很多网商，创造了好内容，却不懂得推广，因而止步不前；又或者，善于推广，却始终没有好内容，犹如无米之炊，无法奏效。

本书介绍内容（文字、图片、声音和视频）的创作技巧，同时也介绍各种内容各自合适的推广方法。好的内容，让好的推广事半功倍；好的推广，让好的内容走得更快。

七、内部与外部结合

网络营销虽只有四个字，却涉及诸多方面，涵盖大量工作。很多中小企业，喜欢要么全部工作自己做完，要么一心寻找性价比最高的代运营团队整体外包。这两种偏好，都会遇到问题。全部由内部团队完成，会导致大量工作耽搁，因而放弃。全部由外部团队完成，会导致收费虚高、数据敷衍、没有灵魂或受人限制。

本书引导中小企业，内部团队与外部团队高效结合，提倡核心创意工作由内部团队完成，大量基础工作由外部团队完成；游戏规则由内部团队设计，完善与丰富工作由外部团队完成。

八、人工与自动化结合

网络营销的全部工作，如果全靠人工完成，那么，速度慢、效果差、埋怨起、士气差且人才走。

本书通过实战案例，分析大部分网络营销工作，可以通过软件实现自动化操作，大量减轻员工的负担。然后，企业通过增加计算机、提高硬件性能、购买更多专业软件，让员工日常烦琐操作所浪费的大量时间释放出来，用以完成更加重要和核心的创意工作。

九、真诚与创意结合

网络营销工作做久了，网商们会忘记初衷，不知道为何而出发；一切变成例行公事，失去兴趣，忘却创意，尽显疲惫。

我认为，真诚是网络营销的底色，创意是网络营销的彩色，牢记底色，拥抱彩色，网络营销才能多姿多彩，焕发生机。

本书将真诚与创意融汇于每一招每一式，时刻提醒网商们：真诚与创意，原来可以高效、巧妙并且自然地融入到每一种网络营销方法中。

十、线上与线下结合

电商、微商或线上营销人员，觉得互联网高高在上，因而忽略了线下的重要性。传统企业、实体店铺发现互联网势不可当，在备受冲击中却茫然失措，觉得互联网遥不可及，无从学起，更不知如何借力互联网。

线上和线下出现了断层，但是，这个断层并非不可逾越。相反，线上和线下有着千丝万缕的联系。

我平时大部分时间研究线上营销，但也热衷于走访传统企业、考察各地商业街或观察实体小店。我发现且感叹，传统企业或实体店，怎么就没看到这些这么明显的线上营销机会呢？电商和微商，怎么也没看到这些如此真实、真切、动人的线下资源和机会呢？

所以，本书将把多年来这些来自线上线下的发现和机会融汇于一体，让线上线下相结合，让线上营销和线下营销彼此都有更大的发展空间。

十一、免费营销与付费营销结合

免费营销，起点低、上手快，需要沉淀，效果稳定。付费营销，起点高、见效快，同行竞争激烈，价格虚涨，不可理喻。这是网商们对免费营销和付费营销的基本理解。

然而，今天的互联网，产业链不断完善，不同平台风起云涌，不同人才如雨后春笋，一个全新的互联网时代，为我们带来了一个全新的营销画面。

今天的网络营销，免费营销渗透各种领域和工作，付费营销也涉及各种平台和分工。今天的网络营销，不再是简单的免费营销，或简单的付费营销，而是两者高度结合、全面组合、无缝互助。我在本书中将这种全新的网络营销方式称为“高端创意组合营销”。

十二、新旧结合

各种微平台推出之后，很多人认为其他网络营销平台或方法都过时了，因而忽略了大量已经成熟、高效的平台和方法。事实上，博客有博客的新玩法，论坛有论坛的新玩法，现场活动有现场活动的新玩法，一切真善美的平台或方法，都没有过时。关键是你有没有参透其中的奥妙，理解各种平台各自的用途，熟悉各种方法彼此的意义。如果你理解了，融会贯通了，那么，你迎来的将是一个波澜壮阔的互联网时代，你看到的将是一个丰富多彩的互联网世界。这里有层次，有步骤，有播种耕耘，有开花结果。将心注入，为利益众生而用，一切变得如此神奇和充满惊喜。

本书的创作，对于我而言，是静心梳理十二年的互联网历程和网络营销经验；对于读者而言，是我与读者真诚分享、探讨互联网意义及网络营销实战案例、方法和效果。

怀着对人生孜孜不倦的态度，怀着对互联网永不磨灭的热忱，怀着对一切互联网人发自内心的敬畏，我将与您携手，一起走进本书《网络营销 168 招》，去见证十二年的互联网经验，去感受三十六章一百六十八招的神奇，去开启真诚、多赢的互联网创意年华！

目录
CONTENTS

第一部分 开拓

带着亲人的期盼，你走进了互联网。互联网能够带给你惊喜，全因你的开拓创新。没有付出，就没有回报。所以，趁着年轻，你要付出更多，分享更多，以帮助更多人。你怎样对待互联网，互联网就会怎样回馈你。

第二部分
创造

你要创造一些与众不同的东西，你的产品要像一盘绿豆中少数的几颗红豆一样，这样，你将脱颖而出。不要随波逐流，与其跟风投身红海，不如转身走进蓝海。你可能要经历一段孤独的旅程，因为每种创新都将迎来无数人的质疑和漠视。他们只是条件反射般地不自觉地表达了看法，很快，他们就会忘记自己说了些什么。

第三部分 丰富

对互联网的好奇心，会引导你不断地尝试一些全新的创作内容、塑造价值和创新模式。当别人还在犹豫不决时，你已经在挑战自己。正因为大家都觉得难，所以，才充满机会。当你置心一处，投入全部热情突破某个节点时，很快，你将感受到互联网的海阔天空。

第四部分 精彩

互联网，何其精彩。它使传统店铺有了更多的机会，线上店铺有了更好的未来。如果你热爱你的行业，你就会渴望把自己创造的价值分享给更多人。你会放下实体店与网店的辩论，并以全新的目光去发现或创造线上线下共同的商机。

第五部分 做大

当你有了使命感，就想把事业做得更大。为此，你需要虚怀若谷，并且敢于借助各种平台或天才的力量。你会发现，最值得自豪的不是自己有多厉害，而是凭着真诚与信任，你能够快速邀请无数的天才与你共同创造奇迹。

第六部分
走远

一生所求何事？无非修己安人。与品牌相约，与惊喜同在，与天才齐行，百年坚守，信念永存。每天都是全新的，只因你不断地告别过去，安住当下。当你有一个伟大的梦想时，你的互联网创业之路将为星光所照耀。

第一部分
开 拓

带着亲人的期盼，你走进了互联网。互联网能够带给你惊喜，全因你的开拓创新。没有付出，就没有回报。所以，趁着年轻，你要付出更多，分享更多，以帮助更多人。你怎样对待互联网，互联网就会怎样回馈你。

第一章 微信营销

第001招 新好友：给人一个加你为好友的理由

好友数量能否增加，最重要的秘诀不是技术，而是理由。

别人为什么要成为你的好友，理由是什么。

如果你说："我是一个整天只知道发广告和卖东西的商人。"

那么，人们对你的第一反应就是敬而远之。

但是，如果你说："我是一个每时每刻都想着给好友带来惊喜、经验、资源和帮助的行业专家。"

那么，人们最想对你说的话就是"我找你很久了"。

很多网友加我为好友的时候，都会说一句话：“如果五年前我就学过你的互联网营销经验，那么，今天我就不一样了。”

你给别人留下什么印象或者第一感觉，直接影响你的好友数量。

每天都有很多人主动加我为好友，成为好友之后，他们都会说：“我看过你在互联网上分享的营销经验，所以，就加你了。”

有时候，朋友邀请我加入他的微信群时，我第一件事，就是赠送礼物或者发红包。之后，我再添加群成员为好友时，大家都很乐意通过。

加好友的时候，我会这样写验证语：“我研究互联网十二年，有机会一起探讨或合作。”

一般来说，通过率达到 80%以上。为什么呢？有以下两个原因：

1. 我只加精准的好友。

2. 这句验证语，触动对方心灵。

很多人加新好友时，都会这样填写验证语：

1. 朋友介绍。

2. 在群里看到你。

3. 你好。

4. 我是某某。

这类验证语无法感动任何人，而且这类验证语太常见了。所以，对方无法快速判断这个新好友值不值得加。

如果你不能给别人带来价值或惊喜，别人为什么要加你为好友呢？

所以，你应该花更多的时间去思考：我应该如何为别人带来更多的价值和惊喜。

第002招 微信群：创造奇迹和留下感动的地方

有些人，加入微信群后的第一件事就是发广告。紧接着，就是被移除出群。

这又何苦呢？

一个人一加群就马上发广告，这是一种偷懒的表现。

一个真正有远见的人加入一个群之后几乎不会发任何广告，哪怕他要发，也会等添加群成员为好友之后，再单独发给他。

有远见的人，加入一个群之后，只会做这些事情：

1. 赠送礼物。

2. 分享干货。

3. 问候群主，关心大家。

4. 及时互动。

5. 适当发红包。

6. 抢了红包，立即发出来。

7. 帮助群主解答群成员的提问。

8. 及时响应群主。

有人可能会说："我加入了很多群，我如何完成这么多事情呢？"

如果你加入的群实在太多，那么你就专注做好一件事或两件事，例如，赠送礼物或分享干货。

如果你担心这些礼物或干货会被误认为是广告，那么，你在分享之前，可以先问一句："我有某一方面的礼物或干货，不知道大家是否需要？"

如果你坚持在各个群分享高质量的价值，那么，很快你就会发现很多群都变得很温馨，大家对你的态度也越来越友善。这个时候，你再加他们为好友时，通过率会很高。

因为你给大家留下了非常良好的印象，接下来，会有越来越多的人主动邀请你加入更多精准的微信群。

当你通过长期的分享而培养了信任感，那么，接下来你就会发现很多惊喜。

例如，你的朋友圈信息被越来越多人关注；商品也越来越多人购买；活动也有很多人支持。

微信好友之间的纽带不是广告，而是感动。

感动发生的地方，奇迹才可能发生。

第003招 朋友圈：带着微笑浇灌每一朵花

这里说的“每一朵花”是指通过朋友圈与好友互动的任何机会。这个机会包括朋友圈内容的发布、回复、评论和点赞等。

如果你重视朋友圈的每一次互动机会，那么你的好友也会对你更加重视。

一天从早到晚拼命发朋友圈（每隔几分钟就发一条），这种行为并不是勤奋，而是偷懒。

当一个人看不到整个互联网各个领域和环节的优势和机会，看不到合理安排各种组合工作稳步前进的重要性，他就会误以为在朋友圈频繁发信息就是一种努力的行为。

如果想经营好朋友圈，你就要先静下来重新去规划一下，你可以参考如下这些思路和方法：

1. 每一条朋友圈信息都要精敲细打。

2. 如果一句话对好友来说毫无价值，那就不如不说。

3. 如果你发布的信息会让人妒忌，那可能是你措辞不当或者态度不对。

4. 文字要简练，图片要让人舒服。

5. 如果你发的文字太多，无法一次性全部展示，就可以在评论中再发一次。

6. 有时候，为了让一张大图片变成九张小图片，发布时出现九宫格的样子，你可能要用到九格切图这个APP。

7. 朋友圈达人会用到这些APP：海报工厂、水印相机、美图秀秀、Snapseed、Bold和天天向商等。

8. 比较有影响力的朋友圈内容一般包括行业资源、网络商机、创业心得、行业经验、创意内容、精彩瞬间、付出的努力和产品信息等。

9. 不要炫耀自己，无论你用什么角度。

10. 你可以分享你付出了极大的努力而取得的进步，但不要分享你极其聪明、轻而易举就取得的成功。

11. 你可以分享美妆心得，但不要分享自己天生丽质。

12. 你可以分享你从某位名人身上学到了什么，但不要分享你跟某位名人合影以显得很成功。

13. 你可以分享你在旅途中的独特感悟，但不要分享你的生活很有小资情调。

14. 你可以分享你为了学习然后付款在京东买书的截图，但不要分享哪位代理今天又发了多少钱给你的截图。

15. 你要站在更高的高度去写好每一段内容。

16. 引导更多人在朋友圈中分享你的内容是你要思考的重点。为此，你的内容可能要很震撼，你分享的价值可能要对好友的好友有帮助，你的内容可能会让更多人获益。

17. 不要把每一分钟都规划得过于细致，要给自己留出时间和空间，真正地去酝酿大作。只有大作品才能真正震撼整个朋友圈。

18. 可以打开句子迷这个网站，去学习一下名人或伟人是如何表达自己的观点的。

第004招

公众号：一场不可错过的互联网盛宴

公众号创造了很多神话，这些神话，有一些就发生在我的身边。

几年前，我在网络上分享了微信营销的详细经验，一些网友学习后，迅速把握住其中的一两点秘诀，专注深耕，至今公众号“粉丝”总量过千万的学习者，已有多人。

四处探索可以开阔眼界；制心一处可以创造奇迹。两者相辅相成。

今天，如果你要经营好公众号，你可以参考这些思路或方法：

1. 用公众号发出的文章，给人一种真实、高端和清新的感觉。你要把这个优势发挥到极致。

2. 要学会投稿给大号，大号很需要原创内容。

3. 文章发布到公众号，可以把握社会化传播的机会；文章发布到博客和论坛，可以把握搜索引擎收录和排名的机会。

4. 社会化传播与搜索引擎传播高效地结合在一起，将酝酿更多的机会。

5. 提高公众号文章阅读量，最好的方法就是把优秀的文章分享到精准的群，分享的群数越多，效果越好。

6. 一篇文章要达到10万+的阅读量，最重要的因素是转发率。所以，你的文章是否值得被转发，是你应该研究的重点。

7. 微信官方广告平台，对于公众号的推广，有不错的效果。

8. 服务号+千聊平台，你会发现“粉丝”增长速度极快。

9. 有时候，因为行业而选择合适的互联网平台；有时候，因为互联网平台而选择合适的行业。

10. 用好服务号的消息模板，可以快速提高“粉丝”黏性。

11. 不要迷信第三方平台“WiFi 增粉”的收费服务，事情和你想象的不同。

12. 我有一个朋友吴国梁，他之前开了十八家手机店，顾客买了手机就离开了，没有成为公众号“粉丝”；后来，他开始注重公众号宣传，并把店铺缩减为五家，顾客买手机时关注公众号，以后有任何手机问题随时可以咨询。最后，他发现借用公众号凝聚“粉丝”并逐步开展线上活动之后，五家店的营业额竟然超过了之前十八家店的营业额。

13. 借助云管家平台，可以设计很多精彩的线上活动。

14. 借助H5平台，可以设计很多精美的宣传页面。

15. 公众号的自定义菜单，要放那些足以感动“粉丝”的内容。

16. 公众号官方发布的各种通知要认真阅读，很多通知都隐藏着机会。

第 005 招
转化率：你付出的努力，终会回馈到你身上

当你发现微信营销的转化率降低时，你就要静下心来，重新整理自己的思路。

如果你想提高转化率，你就可以参考这些方法和思路：

1. 转化要先转变顾客对你的印象，要让顾客明显觉得你是与众不同的。

2. 转化需要一个感化的过程。如果你自己都无法感动自己，何以感化他人。

3. 五个“新”能够提升转化率：新好友、新内容、新产品、新活动和新模式。

4. 老产品的老内容，用老模式一直发给老好友，你的转化率肯定会降低。

5. 转化率不高，可能是因为你两个月前没有付出努力。顾客今天购买，绝对跟你之前留给他的印象有关系。

6. 降低门槛，提供多种选择。

7. 要在人气最旺的时间段，分享你的产品。

8. 对于促销效果，不要有过高的预期，要做好最差的打算，这样，你才会竭尽全力去推广。

9. 该买的人没买，不该买的人却买了，互联网就是这么有趣。

10. 对方买或者不买都是平等的。只有时常以平常心相待，你才能更加心平气和地服务好每一位潜在客户。

11. 朋友的朋友跟你购买，你要拿出朋友的真诚对待他，否则，朋友就不是朋友了。

12. 给顾客之间交流的机会。例如，我们这本书的所有读者，都可以加我为好友，然后我把大家邀请到微信群里。这样，读者之间就有了一个交流的机会。

13. 转变思维。例如，我们这本书在刚推出时，如果发链接给陌生好友，邀请好友购买，那么大家不一定会直接购买。但是，如果我们创建了一个读者群，然后问好友有没有兴趣加入这本书的读者群，那么，很多人都会立即加入。当好友们看了群成员的各种分享，他们再看到书籍的购买链接时，就会更有信心地购买。

14. 用好微信群，做好免费分享。感恩艾（艾灸产品）团队创建了很多微信群，他们定期为群成员提供免费的艾灸咨询服务，并且经常分享各种艾灸经验、心得和案例给群成员参考。他们每次推出新产品时，转化率都很高。

15. 办好线下沙龙，帮助线上客户。三打哈是一个专业的网络推广服务平台，也就是威客平台，管理团队经常组织线下沙龙，组织网商们探讨交流互联网营销经验。所以，很多客户从线上走到线下，真正学到了经验，之后再把这些经验用于日常的网络推广当中，效果很好。客户获益，你的平台才能真正成功。

16. 同样的产品在不同的平台，转化率是不同的，因为面对的对象不同。

第二章 微博营销

第006招 用评论的方式与潜在客户直接交流

在微博上开发潜在客户，不知从何开始？

其实最简单、最直接、最高效的方法就是评论潜在客户的相关微博。

那么如何知道哪些微博用户就是你的潜在客户呢？

你可以通过搜索潜在客户经常会使用的长尾关键词，然后找到相关微博。

例如，感恩艾（艾灸产品）的客服，在微博上搜索“如何艾灸”、“艾灸应该注意”、“我想艾灸”或“艾灸方法”等长尾关键词，然后点击搜索结果页面底部的“查看全部搜索结果”按钮，就可以看到最新的相关微博。

发布这些微博的用户，大多数都是艾灸爱好者。

感恩艾的客服，就可以有针对性地去评论这些微博。例如，用户在微博中发布“艾灸从哪一步开始？”客服就可以用自己多年的专业经验来回答用户的问题。

这个互动的过程能够建立彼此的信任感。因为这些用户的确遇到了相关问题，而且他们也有某些精准的需求，所以这样的互动就变得非常精准和高效。

互动的过程中，有些用户会成为你的“粉丝”，有些用户会成为你的好友。

你可以结合自己的行业，认真地去思考、观察并整理潜在顾客经常会使用的长尾关键词，然后你把这些关键词汇总到一个表格。

当你在微博搜索某些关键词时，这些关键词会被保留在“搜索历史”当中，目前最多可以保留十个。

下次如果你要搜索同样的关键词时，通过“搜索历史”直接点击某个关键词即可。

你使用的精准长尾关键词越多，那么你能够发现的精准潜在客户就越多。

第007招 用“粉丝”头条开发更多潜在客户

付费广告能让我们走得更快。但是，付费广告要精准投放则有点难度。

然而“粉丝”头条为我们解决了这个问题。

“粉丝”头条是付费的。

借助“粉丝”头条，我们可以把自己的微博内容更高效地展示给自己的所有“粉丝”。在我们的“粉丝”头条投放时间内，“粉丝”第一次打开微博时，他就会看到我们的微博在顶部。

我用过很多次“粉丝”头条，感觉综合效果不错。

“粉丝”头条的价格会随着使用次数增加而变化，简单来说，就是用得越多，价格越便宜。

“粉丝”头条有很多优惠条件，例如，黄V用户、会员用户、秒拍用户使用“粉丝”头条时，价格会比较优惠；微博中含有站内链接，也能够获得优惠。

"粉丝"头条还可以帮我们把微博内容展示给兴趣用户和指定用户的"粉丝"。

用户的兴趣分类包括音乐、电影、美食、明星、动漫和养生等。

指定用户的"粉丝"是指我们选择的某些微博账号的"粉丝"。例如，A 账号是旅游包包，B 账号是旅游墨镜，那么，A 账号使用"粉丝"头条时，就可以把相关微博内容展示给 B 账号的"粉丝"。

旅游包包和旅游墨镜有一定的相关性。所以，各自的潜在客户某些需求可能是一样的。

当你想使用"粉丝"头条时，你要研究下面这几个重点：

1. 让投放价格越来越便宜。

2. 寻找更加精准的账号。

3. 不断测试，不断调整。

4. 有时候，不是推广出了问题，而是内容不够震撼。

第008招 十五分钟的短视频带来的商机

微博上，可以发布十五分钟以内的短视频。

一个十五分钟的视频可以表达很多内容。

微博短视频有很多流量，很多年轻人喜欢在微博上观看各种短视频。

短视频给人的感觉就是“精彩、丰富、真实”。所以，一些用户觉得，与其看各种文字，不如直接看视频。

微博营销的核心就是：高质量传播源+精准推广渠道。

短视频、长图文和好段子，这些都属于高质量传播源。“粉丝”通、“粉丝”头条和微任务，这些都属于精准推广渠道。

当你想做好短视频营销，你可以参考下面这些思路和方法：

1. 视频的内容一定要真善美。

2. 不要任何视频都只跟营销有关。

3. 短视频要有趣、有料。

4. 电脑上的精彩视频也可以直接传到微博中。

5. 视频有字幕会显得更专业。

6. 视频有专业的声音会更受欢迎。例如，淘宝上有很多专业的录音工作室。

7. 高质量的短视频，可以借助“粉丝”通、“粉丝”头条和微任务，推广给更多精准人群。

8. 为了研究更多精美的短视频，你可以了解梨视频的APP。

9. 专家访谈式的短视频，每一句话都要分享干货。

10. 短视频要在微博平台上广泛传播，视频中，必须有一些互动环节，甚至有时需要设计一些相关的互动奖品。

11. 不一定每个视频都要十五分钟，不浪费用户的时间才是重点。

12. 有些人会通过视频来介绍自己的产品，然后设置一些奖品，互动效果不错。

13. 现场拍的视频会带给用户更多惊喜。

14. 视频中的细节可以放大镜头。

15. 系列短视频更容易打造影响力。

16. 如果你在视频中邀请用户联系你，那么你一定要准备好赠送的礼物。

17. 转发量比播放量更重要。

18. 视频中有美景、名人和名言将更受欢迎。

第009招

微博与千聊直播带来的机会

有时候，你研究了多个平台，发现每个平台用起来都有一点难度。一段时间之后，你可能会感觉自己在这个平台上没有什么突破。

那么，你不妨用整合思维把某些平台搭配起来使用，说不定会发现更多惊喜。

微博平台和千聊平台可以搭配起来使用。

例如，你在某个领域沉淀多年，积累了丰富的经验，你想把这些宝贵经验分享给更多人。那么你可以在千聊平台开通一个直播间，然后在里面推出课程。千聊直播的课程支持回放，可以随时复习。

微博平台有庞大的用户群，这些用户群中，有一些是你的精准潜在客户。

所以，你可以借助微博平台来推广你的千聊直播课程。

目前，微博是支持直接打开千聊链接的，这点非常重要。

当你针对某个领域做出精准的课程，然后借助微博平台推广给精准的用户群，那么效果会比较明显。

微博平台还可以与更多的平台结合在一起使用，你只要多留意，就能发现其中的妙处。

第010招

做好微博营销的十六个实用技巧

研究互联网十二年来，我见过很多人。最后我发现，那些真正成功了的人，并不是那些很聪明的人，而是那些很懂得坚持的人。

我身边的朋友中，对微博平台一直不离不弃的那些人大多都赚到了钱。

今天的微博是一个更加成熟和充满机会的平台。当浮躁的人离开，留下来的或许就是比较淡定的人。

有一些朋友跟我说："在微博上做推广，转化率挺高的，而且是越来越高。"

有一些朋友做电商，每天通过微博成交几千单。

如果你想做好微博营销，你就可以参考下面这些思路和方法：

1. 你要重视微博达人，他们的力量不可小觑。很多微博营销做得很成功的人都借助了大量微博达人的力量。

2. 平时多关注各种热门的微博活动，研究其中的奖励规则是怎么设计的，尤其是要认真地分析其中的抽奖策略。

3. 如果你要在微博上推广产品，你就可以先研究一下那些通过微博视频做得很成功的产品都是哪些产品。

4. 微博给用户与专家直接交流的机会，所以你的微博名字，最好用你自己的真实名字。

5. 发布微博时，要么嵌入长图，要么嵌入九张图片。这两种图片模式，都比较受欢迎。

6. 发布微博时，嵌入热门话题或者精准话题，将获得更多的展示机会。

7. 定时微博能让我们腾出时间做更多的事情。

8. 不是每一条微博，都要追求阅读量、转发量和评论量。有些微博发给自己看；有些微博发给未来的某些人看。

9. 有人通过微博好友圈，建立高端交流圈子。有高端内容时，优先分享给好友圈的好友。

10. 每个微博群可以邀请 500 人，当你发布某些内容时，可以设定只允许微博群的成员看到。

11. 微博营销的核心不是干货，而是有趣、创意、有奖、有利和互动。

12. 要做好微博营销，你必须变成一个快乐的人。

13. 要学会借平台。用好微博各种付费宣传平台。

14. 微博矩阵，今天依然有一定的意义。

15. 加入一些微博营销圈子，可以学到更多方法。

16. 时机成熟的时候，你的微博内容可以整理为一本书。

第三章 QQ 营销

第 011 招 当顾客遇到某个领域的任何问题

很多营销人都有这样的希望："当顾客想购买相关产品时，请第一时间想到我。"

然而，很多顾客只会这样思考："当我遇到某个领域的相关问题时，我要找谁？"

所以，如果你想把营销真正做好，你要学会通过互联网告诉所有潜在顾客："当你遇到某个领域的任何问题时，随时欢迎你跟我交流，我一定第一时间认真为你解答。"

这些年来，有无数人主动加过我的QQ和微信，就是因为我一直坚持着这样的理念，并把它落实到实际工作中。

有一些营销人，经常会抱怨："最近都没有新好友，没有人主动加我，我加别人也很少有人通过。"

如果你只是希望顾客想买东西时才能加你为好友，那么，即使你等到天荒地老，加你的人依然寥寥无几。因为这样的营销人太多了，顾客如果要找这样的营销人，那他的身边到处都是。

但是，如果你不断通过互联网帮助更多人、启发更多人、关心更多人，并告诉他们："我在某个领域已经研究多年，为了让你走少一些弯路，我愿意随时为你解答，不用感到陌生或不好意思，我的使命就是要在这个领域中帮助更多的人，无论大家是否购买。因为真心的交流和交友才是最重要的。"

那么你的真诚、热情和专注，会感化很多人。

营销是无形的，也是有形的。无形的就是这种真诚、热情和专注。有形的就是要把你的这种真诚、热情和专注分享给更多人。

如果你明白了这个核心思路，那么你可以使用本书分享的各种推广方法，把你的行业经验、QQ号和微信号分享到互联网上的各个精准的角落。很快你就会发现，越来越多的人主动向你走来。而他们大部分都是精准的潜在顾客。

第012招

通过无私赠送培养长期信任感

如果用一个字来概括QQ营销的核心秘诀，那么就是“送”。

当有人加你为好友时，你们双方都是陌生的。

现在很多人每天要面对和处理大量的互联网信息，所以一个人加你为好友之后，哪怕他是你的精准潜在顾客，哪怕他带着精准的行业问题准备来请教你，他依然可能会默不作声。原因有三：一是他不知从何说起；二是他希望等到合适的时候再问；三是你对他依然是陌生的。

所以，无论对方是因为什么原因而默不作声，你都要打破僵局，最好的方法就是：无私地赠送他一份礼物甚至多份礼物。

根据我们多年的经验，这个时候，80%以上的新好友都会表达他的谢意。

想一想，如果营销是从一声“谢谢”开始，那是一件多么美好的事情。

新好友跟你表达谢意之后，有的会马上向你请教行业问题，有的会做一下自我介绍，有的会跟你寒暄几句，有的则会继续隐身。

没关系，无论对方怎么反应，你都以平常心相待。在互联网上做生意要有平等心、慈悲心和长远心。

有些人会说："我没有东西可以送给新好友啊！如果对方还没购买，我就赠送，那我岂不是大亏？"

其实，你的行业经验就是最好的礼物。

新好友加你，也不是为了拿礼物。他们只是觉得你可能是某个领域的专家，而刚好他想向你请教一些相关问题。

所以，你可以把你的行业经验做成电子书、PPT 或视频。然后，给这份资料起一个比较专业的名字。这个名字，要让顾客一看就明白，一看就有兴趣。

当你的礼物准备好之后，你可以把它上传到微云，点击分享，把微云的分享链接复制下来，然后收藏到 QQ 收藏夹或者保存到手机的客服软件里。以后，新好友加你时，你就可以快速调用这个礼物链接。

第013招 在你的礼物中，为客户提供更好的选择

有人可能会说：“如果只是赠送而不推销，我明天可能就要喝西北风啦。”

其实不用担心。根据我们多年的实践经验发现，我们每天赠送，每天都有人购买。

但是，有一个核心经验大家必须明白，那些购买的顾客并不是你今天的新好友，而是你一个月前或者两个月前的老好友。

他们为什么会购买？因为你之前赠送了礼物给他们。他们经过这段时间的学习和了解，终于知道你就是他们要找的那位专家或者商家，所以，时机成熟时，他们就购买了。

但是，如果你发现最近这个月没有顾客购买，那么你就要思考：“一个月前，或者两个月前，你是不是停止了赠送礼物？”

这个有点像河流，上游堵住了，下游就没水了。

那么我们赠送的礼物，顾客看了之后，为什么会有购买的想法呢？

1. 礼物里面，要介绍你在这个行业的故事、经验、心得和沉淀。

2. 如果你是专家，不要把自己弄得高高在上，要让人感到亲切、自然，最好要让人有一种“久违了”的感觉。

3. 你可以介绍你的免费服务，也可以介绍你的收费服务；你可以介绍你的低价产品，也可以介绍你的高价产品。你要给顾客自由而充分的选择。

4. 举例：感恩艾（艾灸产品）团队为顾客提供长期免费的艾灸咨询服务，他们有免费赠送的艾灸实物礼物，也有不同价格区间的产品。

5. 当顾客看到了你的真诚、专业，如果他有相关需求，他就会想到你。

6. 为了让顾客第一时间想起你，你要付出无数的努力。

7. 一般来说，问题都隐藏着需求。

8. 你的礼物赠送计划应该是长期的。只有长期，才能培养真正的信任感。

9. 你应该定期思考这样的问题：接下来，我要为大家提供哪些新的礼物呢?

10. 只有真正且长期的真诚才能感动人心。

第014招 两分钱带来的精准营销机会

这些年来，每天都有无数人主动加我为好友，我注册的 QQ，一个又一个地被加满。后来，为了方便管理，我买了多个营销 QQ。

营销 QQ 可以管理十万个到二十万个 QQ 好友。最早的版本，营销 QQ 是可以加二十万人的；现在的版本，营销 QQ 是可以加十万人的。

营销 QQ 是按年付费的，每年的费用是几千元，具体根据你选择的工号数量而定。

营销 QQ 有一个强大的功能，那就是群发。发送一位好友，收费是两分钱。

当你的营销 QQ 里面有很多精准潜在顾客，你要发送信息给多个客户时，你就会觉得手工发送很累。那么，这个时候，你可能就要用到软件自带的群发功能了。

你可以参考下面这些思路和方法：

1. 不一定要群发全部好友，有时候，你可能只需群发部分最合适的好友。

2. 群发的时候，可以选择好友分组。

3. 好友加你的时候，你要选择好分组，分组越精细越好。

4. 合适的内容，发给合适的人。

5. 群发内容的设计非常重要。

6. 不要只是群发需要顾客付费的产品广告。

7. 有时候，你可以群发一些新的礼物，包括新的电子书、PPT和视频。

8. 如果你要群发一些商业广告，那么，一定要附带赠送礼物。这样，好友哪怕不购买，他也有选择“免费领取礼物”的机会。

9. 群发之前，你可以预先发一条测试信息到自己的个人QQ。

10. 你要测试一下，你发送的链接能否打开。

只要内容设计得好，每一次群发都会带来一些惊喜。

第 015 招

做好 QQ 营销的十六个实用技巧

QQ 的各种功能都非常完善和强大，所以，QQ 的每一个细节都隐藏着机会。

研究一个软件，一定要带着敬畏感，认真地去观察软件的每一个细节。然后，静下心来，用心地去思考：如何用好每一个细节以帮助更多潜在顾客？

下面是 QQ 营销的十六个实用技巧：

1. 买一个手机靓号，把这个手机号跟 QQ 号码绑定到一起，并设置好“手机辅助账号”；然后，用这个手机号注册一个微信号。这样，你对外宣传时，只需要宣传一个手机号就可以了，你的顾客通过这个手机号就可以找到你的 QQ 和微信。

2. 要把你的 QQ 号分享到网络上，方便潜在客户通过百度找到你的 QQ 号。

3. QQ 头像最好用自己比较清晰和好看的照片，尽量不要经常更换头像。

4. QQ昵称可以按照这样的方式设置：姓名+行业词。例如，郑俊雅网络营销。这样，顾客就知道你是谁，你是做什么行业的。

5. 有必要的时候，可以用专业的客服软件来辅助QQ交流，你可以在百度搜索“客服软件”，百度上有很多相关的软件。

6. 和任何顾客交流，不出一句恶语。

7. 重要的QQ好友可以生成桌面快捷方式，电脑端和安卓手机端都有这个功能，方便联系。

8. QQ好友的任何咨询都要及时回复。

9. 有时间的时候，可以申请加入更多精准的QQ群。QQ群依然有很多机会。

10. 如果你有营销QQ,普通QQ的好友可以定期导入到营销QQ中，方便管理。

11. 营销QQ软件界面的右边，可以添加快捷回复。这个功能很好，你要把各种常用的回复都添加进去，之后，点击一下就可以自动发给好友。

12. QQ签名和说说要定期更新，最好能给别人带来一些惊喜。

13. QQ空间最好开通黄钻，这样，可以使用专业、漂亮的信纸作为日志的背景。

14. 每一篇高质量的日志都可以分享到相关的QQ群。

15. 与创业、工作相关的各种真善美的图片都可以上传到空间相册，现在，依然有很多人喜欢浏览相册。

16. 发布说说时，可以选择“提到好友”，可以添加 30 位好友，这是 QQ 空间自带的功能。你可以根据好友分组快速选择，这样，重要的信息能够及时通知和分享给合适的人。

第四章 视频营销

第016招

用视频营销快速打造行业专家地位

很多人一开始在网络上做生意就渴望马上卖货、立即赚钱，而忘记了把自己培养成为这个行业的专家。

每个行业，普通的卖家太多了，而名副其实的专家少之又少。

顾客在购买的时候，如果产品价格近似，那么顾客更加乐意选择跟专家购买。

在日常生活中，顾客如果遇到行业问题，他们更加乐意选择和专家交流、探讨或请教。这样，专家比同行的普通卖家就获得了更多的交流、成交和合作的机会。

所以，当你开始专注一个行业的时候，就要下定决心成为这个行业的专家。当然，你选择的行业必须符合真善美的基本标准，这样，未来你在推广的时候就会得道多助、事半功倍。

人生难得，时间宝贵，你不可能等真正成为行业专家时才开始推广。在你立志成为专家并逐步取得阶段性成果的时候，你就可以开始推广了。

很多人喜欢用文章来推广，因为文章的创作成本低，易上手，推广快。

经过多年的观察，我们发现 98%的人喜欢文章推广，只有 2%的人喜欢视频推广。因此，网络上充斥着大量的文章。

举个例子：百度搜索“红茶”，网页结果是 7000 多万条，其中大部分是文章；视频结果是 32000 个左右。

从这个例子中，我们发现文章的竞争太大，是视频的 2000 多倍。当然，这个比例针对不同行业，结果是不同的。你可以自己试一试，在百度搜索你的行业关键词，看看网页结果和视频结果的数量比例大概是多少。

视频比文章更受欢迎，主要基于以下原因：

1. 网络上，文章的总量太多，视频总量太少，比例严重失衡，所以搜索引擎更加重视视频的收录和排名。

2. 在同样的时间内，视频承载或包含的信息更多。视频里面，可以有文字、图片、声音、动作或剧情等。

3. 视频上传或推广的时候，标题、内容描述和标签都是用文字填写，搜索引擎很容易就可以检索到。视频不但能在搜索引擎的视频搜索结果中获得排名，同样也能在网页搜索结果中获得排名。

4. 视频比文章带给受众的乐趣更多。

5. 网络流量成本降低，WiFi 普及，随时随地都可以低成本或者免费地观看视频。

相对来说，视频营销比文章营销更加容易获得成功。当然，并不是说文章完全不重要。在俊雅研究的网络营销体系中，没有哪一种方法是可以完全抛弃的（只要符合真善美）。视频营销和文章营销应该有一个比例，这个比例因人而异，因各行各业而异，因不同阶段而异。

第 017 招

把握视频营销与众不同的推广优势

同样标题的视频和文章，例如，一个标题叫做《网络营销 168 招》的视频和一篇标题叫作《网络营销 168 招》的文章，在推广的时候，视频发布到视频网，文章发布到论坛或博客，最终，视频在搜索引擎网页搜索结果中的排名优势，是文章的 5～10 倍。

现在，我们一起来设想一下：你的潜在顾客，想了解一下产品信息，然后他在搜索引擎上搜索某些长尾关键词，如果他看到网页搜索结果中有你的视频，或者他看到视频搜索结果中，你的视频排名靠前，且该细分行业的大部分视频都是你的，那么顾客会认为：你可能就是行业专家。顾客对专家更加信赖，更有兴趣向专家了解相关信息或价格。

大部分顾客会认为：

1. 视频里的信息更加可信，这种感觉源自人们早期对电视的崇拜和信任。

2. 愿意做视频的商家是更加用心或积极的商家。

3. 这款产品都已经有视频宣传或介绍了，这比单纯看文字更加富有价值感。

4. 通过视频，顾客可以了解到更多的信息或关键因素。

视频如此重要，你可以借助视频快速打造行业专家地位。首先要明确一点，行业专家地位不是用来吹嘘的，它代表着一定的责任。你想成为行业专家，就要承担一定的行业责任。

立志成为行业专家，代表着你要成为这个行业里最具正能量的人物，你要学习这个行业的历史，观察现在，思考未来。你需要阅读、研究大量的素材或信息，整理或创造出对整个行业最有价值的资源（尤其是视频），然后积极分享给大家，当然，最好免费。

如果，你要成为网络营销领域的专家，那么，你可以从以下角度创作视频：

1. 网络营销的各种具体方法。

2. 网络营销经常会遇到的各种问题。

3. 网络营销相关的故事或案例。

4. 你在某些活动现场的演讲。

5. 你在网络上创业的每一步。

6. 你对行业热点的看法或理解。

7. 这个行业的趋势是什么？

8. 接下来的一年到五年，什么方法会成为最重要或最有效果的？

当你真心热爱一个行业时，你就不会轻易抱怨。你会满怀热情去付出别人不愿意付出的努力，你会忘记一时的成败，全心全意去打造、完善和丰富自己在这个行业里所应具备的能力体系，在每一个阶段，用视频的形式去分享客户们最需要的内容。你的努力和付出，终将回馈到你身上。

第018招 用视频营销快速帮助更多人

大部分人都想赚钱，而且想快速赚钱。所以，我们经常发现，某款产品一出来，很快就挤满了人；某种模式一出来，也很快就挤满了人。人们感觉“只要挤进去，而且尽快地挤进去，就能赚钱”。

赚钱没有那么简单。“君子爱财，取之有道”这句话的“有道”，我们可以有两种基本的理解：一是符合道德或规律，二是创造、培养渠道。

举个例子：如卖红茶，大部分人一想到卖红茶，就马上建网店、推网店，希望马上有人买。懒惰者，每天守株待兔。勤勉者，每天主动出击。但是最终，流量依然少之又少。为何？无论是站内还是站外，单纯的商品推销，竞争太大了。

当别人想着赚钱时，你要用视频营销快速帮助更多人。

顾客想要什么？顾客在购买某样东西之前，会遇到什么问题？顾客最关心的节点是什么？谁能为顾客真诚解答？谁能以行业代表的身份免费为顾客答疑解惑？

顾客一到某个店铺，或打开某个店铺的网页准备咨询时，客服总会问："请问有什么可以帮你？"这句话，苍白而无力。大部分客服根本不清楚这句话的真实意义是什么，他们只知道，这是开始向顾客推销产品的第一句流程式的话语。

如果你真的想帮助顾客，你就不会等到顾客来到你店铺时再问"有什么可以帮你？"而是在你开始专注某个行业的时候，你就开始尽全力地去帮助潜在顾客。

当别人加你为好友或向你发起咨询时，你不会问："有什么可以帮你？"你只会问："您看过我们的视频了吗？"大部分人都会回答："已经看过了，很有帮助。"

对！这里我们要分享的核心观点就是：在顾客咨询你之前，你就已经开始真诚、全力地帮助潜在顾客。

今天，很多人都忽略了及早帮助潜在顾客，没有借助视频营销或其他营销方法提早为大量潜在顾客发布、分享、解答行业常见问题，只是一味地待在电商平台上与大量的同行一起守株待兔，比拼竞价，较量低价。

请记住：如果你不曾为整个行业做过什么贡献，如分享大量的公益视频或有益文章，那么，顾客敲门时，顾客与你之间是陌生的。这个时候，顾客一定是要货比三家的，而且有时会比到让你无法理解或咬牙切齿。

所以，与其浪费大量竞价费用守株待兔，不如及早以真诚之心为业界做一些公益分享。

第019招 用视频营销为未来十年打好基础

例如，你要卖红茶，在开店铺之前，你可以制作一些与红茶相关的视频，免费上传和分享，以帮助更多红茶爱好者。那么，视频的主题如何设计呢？请看下面：

1. 红茶的种类。

2. 如何选择性价比最高的红茶?

3. 泡茶有哪些技巧?

4. 生产茶叶的流程是什么?

5. 你在茶园采茶的视频。

6. 你与茶农的对话。

7. 红茶与花茶能否混搭?

8. 红茶销售有什么经验?

9. 如何制作高质量的红茶?

10. 你的茶叶创业历程，有什么故事?

11. 关于茶叶，历史上有什么经典故事?

12. 喝茶对健康有哪些帮助?

围绕这些主题，你可以设计大量的公益视频，然后用红茶相关的长尾关键词来做视频上传时的标题，当然，标题中可以加上你的品牌关键词。这样，你的视频不但能帮助业界，也能为自己的品牌传播留下沉淀。

举例，标题可以这样设计："轻松几招就可以识别高质量红茶——某某红茶与您分享"。

一般来说，顾客关注的长尾关键词放前面。企业的品牌关键词放后面。这样，顾客很快便能看到主题，因而不会反感。

别人浮躁，你要淡定。你要志存高远，用十年的时间尺度去设计、规划你的创业。无论你做什么行业都需要拿出一定的时间去分享高质量的视频，以帮助更多人，建立信誉度，培养信任感，因而也会赢得大量顾客。

当别人急着赚钱而四处碰壁时，你要抓紧时间，分享大量的公益视频，借用长尾关键词吸引精准潜在客户，为未来十年打造坚实基础。

马上赚钱，竞争太大了！公益分享，空间太大了！真的，很少人和你竞争。哪怕有些许同行与你做着同样的事情，因为都是真善美，自然谈不上竞争了。大家一起做好事，也是好事。

你会看到更大的空间，获得更多的机会，而你要做的，只是多付出一点。

第020招 上传和推广视频的八大秘诀

视频制作好之后，接下来的任务就是上传和推广。

简单来说，上传就是把视频传到视频网上；推广包括两种，一是使用其他方法或平台宣传视频，二是借助搜索引擎对视频的收录机会，在上传视频时，设置好顾客可能搜索的长尾关键词作为标题、内容或标签，引导搜索引擎收录并获得排名，最后吸引精准流量观看你的视频。

本文要探讨的推广视频是指第二种。

上传视频，一般有两种方式，第一种是使用视频网的网页窗口进行上传，第二种是使用视频网的客户端进行上传。

上传少量视频或上传小视频，一般用网页窗口；上传大量视频或上传大视频，一般用客户端。

无论是网页窗口还是客户端，上传界面基本差不多。

上传视频时，上传页面上的几个方框要认真填写。乱填一通，等于只是上传了视频，却没有推广视频。认真填写，根据视频网的审核规则、搜索引擎的收录规则和潜在客户的搜索习惯进行填写，那么，就等于不但上传了视频，而且推广了视频。

下面是上传和推广视频的八大秘诀：

1. 标题可以放一个或两个长尾关键词。如果设置三个长尾关键词，就有点长了，而且视频网在审核时，会觉得这个视频可能是广告，审核通过率将降低。

2. 简介一般放 100～200 字即可。简介中可以嵌入联系方式，当然，嵌入后可能会降低视频的审核通过率。所以，联系方式也可以放到视频的片尾中。简介中也可以放入长尾关键词。一般来说，最重要的关键词放在标题，第二重要的关键词放在标签，第三重要的关键词放在简介中。

3. 对于搜索引擎而言，视频标题的关键词的权重是标签关键词权重的五倍左右。所以，设计好标题的关键词，视频营销就成功了一半。

4. 分类要选最合适的，选对分类会提高视频的审核通过率。如果你实在不知道选择哪个分类，可以选择“其他”。但是“其他”这个分类，是视频网重点审核的分类，所以，尽量选择最合适的分类。

5. 标签一般可以填写五个，要认真填好。每个标签大概可以填 4～10 个汉字，不同视频网的规定不同。不要浪费任何一个标签的填写机会。

6. 标签的关键词设置，用 AB、AC、AD、AE 和 AF 格式。举例：

郑俊雅网络营销、郑俊雅微信营销、郑俊雅网络推广、郑俊雅电子商务和郑俊雅互联网经验。其中，郑俊雅这个名字，就是A。其他的关键词，就是BCDEF。当然，你也可以不填写A，只填BCDEF，但是，推广的综合效果大概是前者的一半。

7. 需要的时候，可以邀请“威客”帮忙。国内比较出名的威客平台，有三打哈和猪八戒。

8. 坚持不懈，不断创造、更新、上传和推广视频。

视频营销的效果虽然是各种推广方法中最好的，但如果你制作或上传视频的数量太少，那么，效果就不够明显。

你需要制定一个视频营销计划，例如，每个月制作多少视频和上传多少视频，持之以恒，尽量使用不同长尾关键词推广不同视频。这样，一段时间之后，你就会发现你上传的很多视频都被搜索引擎收录了，而且逐步获得排名。

第五章 自媒体营销

第021招 自媒体文章的SEO优势和秘诀

在搜索排名方面，大部分自媒体平台都有很高的权重，例如，百度百家、百家号、今日头条和搜狐自媒体等。

当你在这些自媒体平台发表文章之后，你很快就会发现，文章被搜索引擎收录了，而且长尾关键词的排名很靠前。

我曾经做过大量的测试，发现收录速度都很不错，快则十分钟，慢则一两天。

所以，现在很多企业非常重视自媒体平台的SEO优势。

很多自媒体平台，对于用户每天发布文章的数量都有限制，一般都是限制一天不能超过五篇。

如果你在五个自媒体平台都注册了账号，那么，就相当于你一天大概可以发布二十五篇文章。

当然，如果你注册的平台很多，而且不同平台注册了不同类型的账号，那么，发布文章的数量就更多了。

一般而言，在同一个自媒体平台，最好不要用不同账号发布同一篇文章。但是同一篇文章，可以发布到不同的自媒体平台。建议标题里面设置不同的长尾关键词。

自媒体文章的SEO，可以参考下面这些思路和方法：

1. 现在还能够申请的自媒体账号，尽快申请。否则，自媒体平台对账号申请的管理和审核会越来越严格。

2. 如果你公司的经营范围包括多个领域，那么，你可以在同一个自媒体平台申请多个不同类型的账号。

3. 原创文章更受欢迎。

4. 标题可以嵌入一个或者两个长尾关键词。

5. 标题可以嵌入你想推广的品牌名或专家名。

6. 标题读起来一定要顺畅。

7. 文章中嵌入的图片尽量是可以商用的。

8. 文章的第一段、中间段和最后一段都可以嵌入长尾关键词，但最好是不同的长尾关键词。

9. 你可以制定一个长尾关键词发布计划，例如，你一个月内要推广多少个长尾关键词，平均计算下来，每天要推广多少个？各自要分配到哪些平台？

10. 当你发布文章时，有些自媒体平台会提醒你勾选“首发”或者“独发”，这个时候，一定要如实选择。

第022招 借助自媒体塑造品牌和专家知名度

当一个人想通过互联网帮助更多人，那么，他或他的品牌就要有一定的知名度。因为今天的网民，每天在互联网上都面临着大量的选择。

一个品牌或者专家知名度越高，被选择的可能性就越大。

高质量的文字、图片、声音和视频都能培养受众对品牌或专家的信任感。

但是，同样的内容发布在普通网站跟发布在自媒体平台，带给受众的感觉是不一样的。

自媒体平台，对各种内容的选择、审核和把关都比较严格。所以，自媒体平台带给大家的整体印象就是高端、大气、上档次。

当你准备借助自媒体平台塑造品牌和专家知名度时，你可以参考下面这些建议：

1. 如果你想针对搜索引擎来扩大知名度，那么，自媒体文章的标题，是推广品牌名和专家名最好的位置。

2. 如果你希望文章在聊天平台大量传播，那么，标题最好不要嵌入品牌名或公司名。因为很多网民在聊天平台中看到文章标题含有品牌名或公司名，他们就不太愿意转发。

3. 文章中嵌入的品牌图片要有创意，专家图片要大气和亲切。

4. 文章如果能够嵌入原创漫画配图，那就太棒了。

5. 文章如果能够嵌入专家草稿图片或设计师草稿图片，就会显得更加专业。

6. 文章的第一段要引人入胜。

7. 文章的发布要有持续性，一旦中断，受众可能就会以为这个品牌或专家销声匿迹了。

8. 文章中，要体现出品牌的格局或专家的远见。

9. 一定要集中精力让某一篇文章火起来，然后，用这篇文章带动其他文章。

10. 文章中可以嵌入专家语录，文字可以用粗体标示出来。

11. 文章中可以嵌入一些经典的客户感言或案例。例如，感恩艾的文章，分享感恩艾（艾灸产品）使用者的一些心得体会。

12. 文章中可以嵌入专家演讲视频。例如，感恩艾的文章中，嵌入创始人梁美红在某些健康养生论坛的演讲视频。

13. 文章中可以嵌入动画视频。例如，“三打哈威客网”的文章中，嵌入用户在三打哈平台发布威客任务的流程演示动画。

14. 文章中可以嵌入模特图片。例如，乐播者公司的文章中，嵌入外国模特亲切地抱着乐播者布娃娃的图片。

15. 连载的形式更能打造知名度。

16. 如果你即将出版自己的书籍，那么，在每一篇文章的底部预先推广。这样，自媒体文章和书籍便相得益彰。

第023招 采访专家，你的文章将走得更快更远

我研究互联网 12 年期间，接触过各个领域的专家。最近两年，我在运营自己的各个自媒体账号时，发布了很多采访这些专家时写的文章，发现宣传效果很好。

每次发布之前，我都会征求每位专家的意见，他们基本上都同意把文章分享到自媒体平台。在他们眼里，自媒体平台是正能量的、有影响力的。

我每次发表这种类型的文章时，标题一般都是这样写：郑俊雅与某某专家探讨某某主题。例如，《郑俊雅与刘远探讨智能家居的发展趋势》《郑俊雅与朱林探讨企业连锁发展秘诀》《郑俊雅与郑久镍探讨艾灸的互联网机会》或《郑俊雅与马文利探讨三打哈威客网发展思路》。

这样的文章标题，很多专家看了之后都很开心。这样的标题，能够让双方的好友或“粉丝”都更加关注这些文章的主题和内容。

当你准备推出专家采访文章时，可以参考如下这些思路或方法：

1. 标题可以放一位或者两位专家的名字。

2. 大家都愿意用心去分享一篇有共赢价值的文章。

3. 如果一篇文章介绍了多位专家的观点，那么，会更受读者欢迎。

4. 文章发布之前，可以发给相关专家阅读一遍。

5. 配图可以选择你与专家的合影。

6. 定期采访不同专家。

7. 你采访的专家，各自的行业要有一定的相关性。

8. 定期推出专家采访文章，例如，每个星期发布一篇。

9. 你的文章会影响更多的专家。

10. 你可以做一张名片，上面印上一句话：“你想让你的故事和观点出现在各大自媒体平台吗？”很多人看了之后，会很有兴趣。

11. 采访专家的形式，可以彼此商量，然后选择最便捷的方式。

12. 标题前面可以加上“第几期”。

第024招 创作一篇阅读量10万+的自媒体文章

很多自媒体平台的优秀文章，都有超过十万次的阅读量，尤其是今日头条和微信公众号上面的文章。

如果你想创作一篇阅读量十万次以上的文章，可以参考如下这些思路和方法：

1. 标题是一篇文章的浓缩，你要花更多时间去推敲标题的创作。

2. 标题可以不断地测试，同一篇文章，当你把它发布到不同平台时，可以尝试不同的标题，然后，你就可以分析出哪个标题更受欢迎。

3. 标题的创作是有秘诀的。你可以花一个星期的时间，认真地去研究那些阅读量超过十万次的文章，看看它们的标题都嵌入了哪些关键词。把这些关键词记录到一个表格中，然后打印出来。

4. 这个表格要经常看、反复看。

5. 阅读量大的文章，内容大多是图文并茂的。

6. 一定要选择那些可以商用的图片。

7. 一开始，集中精力推广一篇文章。如果同时推广多篇文章，会分散你的精力。

8. 文章的“可转发性”非常重要。

9. 你可以尝试站在受众的角度去看自己写的文章，想想自己愿不愿意把这篇文章转发给更多人。

10. 你加入的交流群越多越好，越精准越好。

11. 不要认为某些群是垃圾群，优秀的文章如果分享到合适的群，就会有人看。

12. 很多阅读量十万次以上的文章，创作时，都结合了当天的热点。

13. 你不能关注所有行业的热点，你要锁定自己的行业，认真关注自己行业的各种热点。

14. 为了能够快速把握某个热点并在第一时间推出原创文章，要经常收藏一些相关信息，或者建立一个信息库。当某个热点出来时，就能够快速地调用各种素材。

15. 文章主题一定要真善美。

16. 文章能不能火，也有一定的随机性，不用太在意。但是，如果你的每一篇文章都不曾火过，那么，肯定存在某种必然性，你要认真地去分析。

第 025 招 走进自媒体圈子，你将发现更多的绝招

现在，网络上有各种各样的兴趣圈子，自媒体领域也有相关的圈子。

自媒体圈子中的成员经常会分享或探讨一些自媒体平台的运营经验和思路。这种交流，可以让圈子中的各个成员第一时间接触到各种新玩法。

自媒体圈子，一般都用百度贴吧、微信群和 QQ 群来搭建。

有些圈子，可以搜索到并申请加入；有些圈子，可能需要熟悉的朋友介绍。

不妨试试在自己的微信朋友圈或 QQ 个性签名中写上：“哪位朋友有运营自媒体账号呢？邀请我进群，有奖励哦。”

当你加入了一个群，就有机会加群成员为好友。

加了一些群成员为好友，又可以继续尝试在微信朋友圈或 QQ 个性签名中写上：“哪位朋友有运营自媒体账号呢？邀请我进群，有奖励哦。”

加入了适当数量的群后，好好地向各位群友请教才是重点。

第六章 搜索营销

第026招

搜索和关注业内一切重要的搜索结果

从事互联网工作，比较开心的事情就是每天可以在网络上搜索各种最新的平台、技术、内容或信息。

搜索营销，可以说是所有网络营销方法中最根本的方法之一。无论互联网怎么变化，无论各种微营销多么火热，几乎所有平台都需要搜索功能。

只有做好搜索营销，你的品牌才能在互联网的土壤中扎根。

然而，提起搜索营销，很多人最先想到的就是如何优化自己的网站排名。

自己的网站就像自己的房子。优化就像装修。在你装修自己的房子之前，你更应该走出去看看别人的房子，看看他们是怎么装修的。

只有这样，你的思路才能更加清晰。

互联网上的产业链，已经越来越细分。通过主动搜索，我们可以快速了解业内的各种新事物。

有一位朋友为了设计一款软件，花了整整两个月的时间，通过搜索，把国内所有跟这个软件相关的网站都研究了一遍。然后，他找到相关的团队，跟他们一次次地探讨和交流。最后，他感动了某个团队。这个团队跟他合作，并成立了一个新公司，经过一年的发展，他们已经打造出那个领域里最优秀的软件之一。

一个人如果不喜欢搜索，也不擅长搜索，那么，他几乎不可能成为某个领域的权威专家。因为，只有搜索才能快速了解信息、寻找资源、发现机会。

只有懂得如何搜索，才能更加懂得如何被搜索。

所以，每天安排一个时间段，认真地去搜索一下自己行业内的各种新事物，你将会有无数惊喜的发现。

在互联网时代，一个人拥有的财富多与少，跟他头脑里独特的关键词数量有一定的关系。因为隔词如隔山。如果某个关键词你不懂，那么，你就很难发现这个关键词背后的资源。

第027招 网站优化、增加收录和提高排名的秘诀

简单来说，SEO包括网站优化、增加收录和提高排名，而这三者本质是相通的。

这个本质包括三个方面：网站结构、原创内容和高质量外链。

当你研究网络营销多年，就会发现，SEO 的本质就体现在这三个方面。

无论外界把SEO描述得多么神秘，无论搜索引擎的规则怎么调整，这三个方面依然是最重要的。

网站结构，简单来说，就是网站首页与分页的关系，分页与分页的关系，分页与主页的关系。

网站结构的优化意义在于：当搜索引擎的“蜘蛛”来时，如何引导它走遍网站的各个角落。

网站要增加收录，最重要的方法就是增加原创内容。如果搜索引擎是老师的话，那么，不断增加原创内容，就像学生积极、主动地完

成各种新作业。老师自然内心欢喜。老师认为这样的学生，前途是不可限量的。

当搜索引擎要计算某个网站的排名时，它就会参考其他网站对这个网站的友好程度，而友好程度，主要通过外链的位置来判断。外链出现在首页，权重就高；出现在分页，权重就低。

如果把搜索营销比喻为一场比赛，那么搜索引擎就是这场比赛的裁判，你的网站就是参赛者，其他网站就是其他参赛者；小网站就是普通参赛者；大网站就是名人参赛者。

当普通人说你很优秀时，裁判可能会想："我再看看吧，我考虑考虑。"

当名人说你很优秀时，裁判就会觉得："这个人不简单，连名人都敢为他打保票，看来值得给他名次。"

SEO 的原理大概就是这样。当然，你要把它说得很复杂也行。但是万变不离其宗，十年后依然如此，只要搜索引擎还存在。

第028招 用心发现排名效果最好的平台

如果想借助搜索引擎推广自己的品牌，那么最简单的方法，就是借助别人已经优化得很成功的平台。

你可以搜索自己行业的一些关键词，看看排名比较靠前的是哪些网站。然后，你可以看看这些平台是否可以注册账号，是否可以发帖，一个账号一天可以发多少篇帖子。

你要设计一个表格，把这些数字都记录下来，很快你就心中有数了。

当你想推广自己的品牌时，你的文章就可以发布到这些排名效果很好的平台上。

我们一般把这种思路称为“站在巨人的肩膀上”。

很多大平台都有专业的SEO团队，而且他们投入了很多时间和费用去优化平台的各种细节。

如果你能够用一年的时间，找到300个排名效果很好而且适合你行业性质的网站，那么，以后无论你要推广什么内容，你都能够借助这些平台快速获得搜索引擎收录和一定的排名效果。

在实际的推广工作中，大家可以参考以下这些经验：

1. 发布文章时，一般都要在标题中嵌入长尾关键词。

2. 就长尾关键词的排名效果而言，一般的小网站是无法跟大网站较量的。所以，你可以直接借助大网站的优势。

3. 这些网站，你要收藏到浏览器收藏夹，而且要做好分类。360 浏览器很不错。

4. 在各个网站注册的账号名称可以一样。

5. 在各个网站注册的账号头像可以一样。

6. 账号最好绑定手机号。

7. 必要的时候，可以跟专业的威客合作，他们非常清楚那些平台的收录和排名效果如何。

8. 有些平台发帖之后是无法删帖或修改的，所以，帖子的内容一定要斟酌清楚。

9. 打开多个网站时，可以使用 360 浏览器“打开全部”的功能。

10. 发帖的频率要把握好，在一个网站连续发帖过多，有可能会被删除。

11. 把文章分配到不同的网站。

12. 不同性质的平台相互结合，排名效果更好。比如，帖子发到博客、帖吧、论坛、文档网和自媒体平台。

13. 搜索引擎公司旗下的各种平台，排名更有优势。

14. 写文章，有专业的人才；发帖，也有专业的人才。互联网创业者，每天最重要的事情是寻找专业的人才。

15. 要尊重每个平台的游戏规则，要让管理员感觉到你是建设者，而不是破坏者。

16. 不是每一篇帖子都要带有品牌名或专家名，不带名字有不带名字的好处。

第029招

设计稳定的内容发布计划

虽然每一种网络营销方法看起来都好像很简单，但是长期坚持却不容易。

很多人在网上发帖都有这样的习惯：集中某个时段发布大量帖子，之后一个月甚至一年，一篇帖子也不发。他们以为这样可以节省大量的时间。

有些人也想定期发帖，却发现自己没有足够的内容。

很多网商比较喜欢发帖，却不喜欢写文章，主要是因为发帖简单，写文章困难。其实，这是一种误区。

有些人擅长写文章。有些人有时写不出文章，灵感来时可以写出大量的文章。

所以，写文章最重要的是找到合适的人和合适的时间。

三打哈和猪八戒等威客平台，有很多专业写文章的威客。你可以把写文章这部分工作，外包给专业的威客。文章数量越多，单价越优惠。

有些人不擅长写文章，但擅长整理文章。

企业跟顾客之间的互动内容也可以整理成为文章，只要去除隐私信息，保留那些对大部分人都有帮助的内容即可。

有些人擅长举办各种征文比赛。一场策划得比较成功的征文比赛，可以赢得几十篇、几百篇投稿。主办方跟参赛者商量好相关合作规则，获得参赛者同意之后，就有大量的内容可以使用。

当你有足够的内容时，你就要设计一个稳定的内容发布计划。参考如下：

1. 发布到哪些平台？
2. 谁负责发布？
3. 每个星期发多少篇？
4. 帖子数量是逐步增加，还是保持一致？
5. 要坚持多久？
6. 多久之后检查一下帖子链接是否存在？

那些投机取巧的人并不值得我们佩服。真正值得我们佩服的，是那些制定好计划之后，能够一步步落地执行的人。这种坚韧的品质，不为外界所动的品质，才是最宝贵的。

第030招 账号密码管理软件让网络推广更加高效

做网络推广的人经常要跟大量的网站打交道。有时候，各种网站注册多了，网址、账号和密码会混淆。

所以，专业的账号密码管理软件显得非常重要。

Roboform 是一款专业的账号密码管理软件。

这个软件有付费版，也有免费测试版。付费版可以安装在 U 盘中，使用起来非常方便：

1. 软件可以设置输入密码才能查看某些账号和密码。

2. 可以保存无数个网站、账号和密码。

3. 可以保存同一个平台的不同账号密码。

4. U 盘插入哪台电脑，软件就可以在哪台电脑使用。

5. 可以一键自动登录网站。

6. 可以一键输入账号和密码。

7. 在某个网站第一次输入账号和密码时，软件会提示你保存。

360浏览器的登录管家插件也有部分类似的功能。

一般来说，如果你要管理的网站、账号和密码不是很多，那么，360浏览器的登录管家插件就够用了。如果你要管理的网站、账号和密码超过200个，就可以考虑使用Roboform。

第七章 问答营销

第031招 欢迎一切与自己行业相关的问题

有些人一直在网络上寻找各种商机，却不断逃避别人咨询的问题。其实，市场上，问题就蕴含着一定的商机。

有的人会说："对方问的又不是我这个行业的问题，我为什么要解答呢？"

其实，有时候，很多潜在顾客都不知道如何清晰地提出有针对性的问题，因为他们对某个行业或产品不熟悉。所以，不精准的问题也可能蕴含着精准的需求。

在互联网上做生意，我们要把心放宽，宽到能够容纳潜在顾客的各种提问。

很多圣人都曾接受过大量的提问而后作出善意而又深刻的回答。

很多著名的企业都曾主动出击，开展大量的问卷调查，主动了解潜在客户心中的各种疑问。

优秀者不怕提问，而且几乎一直与提问为伴。

一个人只有争取逐步去解答越来越难的提问，你的专业能力才会越来越强。

这么多年来，每天大概都有200人咨询我网络营销的各种问题。

有人可能会问："这么多人咨询你各种问题，你为他们解答，值得吗？"

值得。因为每一种有代表性的问答，你都可以优化并保存起来，然后分享到外部问答平台、内部问答平台和客服软件上，以帮助更多人。

当你把各种问答内容保存到相关平台或软件上之后，有人再提出类似的问题时，你就可以直接把相关链接或内容发给他，这样可以节省大量的时间。

第032招 真诚写好每一个问题的专业答案

我有一位朋友朱林先生，他经营的企业在全国有近千家连锁店。

他是我的良师益友。每一次，我在微信上请教他一些商业问题，他都会非常认真地解答。基本上，每一个问题，他都会用200个字左右来回答，而且每个回答都会清晰地分为三部分。

有时候，我去公司拜访他，向他请教一些关于创业、国学、心灵或哲学方面的问题时，他都会端正地坐着，手举茶杯，微微一笑，然后真诚地为我解答。

这种对每一个问题都充满敬畏的态度，值得我们学习。

有一些所谓的“大咖”，喜欢在聊天工具的个性签名中注明：直接提问题，不要开口就问‘在吗’、‘有人吗’等无聊问题，否则拉黑。

这句话，观点是可以理解的，但是态度是错的。

如果你在社交平台上摆出这样的一副姿态，哪怕你是权威专家，很多人都会对你敬而远之。

态度不行，哪怕你的解答能够一针见血、药到病除，顾客也会对你敬而远之。

所以，无论何时何地，为顾客解答时，真诚而且专业才是根本。真诚是形，专业是影，形影不离。

有一次，我向《互联网黑洞》的作者仲昭川老师请教一个问题，他用电话足足为我解答了20分钟。我很感动。

为了更好地解答顾客的提问，我们可以参考以下这些经验：

1. 如果打字不方便，可以用语音输入法。

2. 如果用语音输入法也不方便，可以用语音。

3. 回答顾客的问题之前，先调整好自己的情绪。

4. 如果你回答顾客问题时，能面带微笑，无论顾客是在你面前还是在网络的另一端。

5. 有时候，你要借助搜索引擎或者请教其他专家，才能更加专业地回答顾客的问题。

6. 有时候，你要认真思考一天，才能更加准确地回答顾客的问题。

7. 在你无法及时回答顾客问题时，你要告诉对方大概什么时候能够告诉他答案。

8. 曾国藩说："事无大小，必有所成。"无论是大问题还是小问题，你都要有个交代，不能说了一句"等一等"之后，就把回答抛诸脑后。

9. 每一次问答都是一段小小的缘，要让这小小的缘变圆。

10. 邀请顾客日后遇到新问题时随时提问。

第033招 外部问答平台的使用技巧

网络上有很多专业的问答平台，如百度知道、360 问答、SOSO 问问、知乎和爱问等。

这些平台，在搜索引擎上，有非常强大的排名优势。

这些平台，大多都有自己的搜索引擎。所以，如果你想针对某些搜索引擎做好问答营销，那么，就要选择对应的问答平台。

我接触过一些威客，他们从大学开始就研究各种问答平台。他们很早就培养各种问答账号，然后主动为网友回答各种相关问题，久而久之，账号的等级和权限越来越高。

等到毕业时，他们手上就有各大问答平台的专业账号，找工作、创业或帮人完成威客任务时，都有一定的优势。

有一些企业，会在问答平台上挑选一些跟自己行业相关的问题，然后用高级别的问答账号来回复，并在回复中委婉、自然、善意地推荐一下自己的品牌。这样的问答，审核通过率很高，而且排名很靠前。

有一些企业，针对问答平台，会专门成立一个解答小组，成员们每天就负责回答跟自己行业相关的各种问题，并以每天回答问题的数量和质量来作为薪酬考核的标准。

我有一位朋友经营健康养生产品。

他在某一个问答平台注册了一个问答账号，然后设计好头像、简介和空间内容，并在合适的位置放上微信号。

他锁定这个平台，用两个月的时间踏踏实实地解答各种精准问题，然后适当地邀请提问者遇见更多问题时可以加他为好友，以便更好地交流。两个月之后，有几千位精准的潜在顾客成为他的好友。

问答是个小领域，也是个大领域。

我有一些威客朋友，十年来，只研究问答平台。其他平台或APP一律不研究。无论各种微营销方法多火热，他们依然雷打不动，一心一意做问答，他们也取得了很多成绩。

互联网上，成功之路有很多，只是有些人一直漂浮不定，才错过了各种机遇。

第034招

内部问答平台的搭建和优化

有一些网站，无论潜在顾客在搜索引擎上搜索什么问题，都能看到这些网站在前三页。这类网站，就是企业针对行业内的各种精准问题而搭建和优化的内部问答平台。

其实，潜在顾客搜索的问题，就相当于精准的长尾关键词。

有一些企业，每天要回答顾客大量的问题。他们为解答问题付出大量时间之后，就想："能不能把这些有代表性的问答，直接发布到自己的网站上？这样，其他人遇到类似问题时，直接搜索就可以找到答案了。"

精准的问答能够吸引来精准的潜在客户。

所以，这些企业就安排同事专门负责整理和发布精准的问答到内部平台上。

这类问答大多有三种来源：一是顾客提问的，二是企业构思的，三是网络整理的。

当这些专业的问答都发布到内部平台，这个平台慢慢地就会变成一个强大的问答数据库。由于问答越来越多，搜索引擎就会觉得这个平台一直在源源不断地输出内容，而且这些内容一直有人搜索和浏览，所以搜索引擎就会给这个平台更多的排名机会和优势。

总而言之，只要这些问答是真善美的，内容是对别人有帮助的，这些平台就会获得更多的流量。

这类平台，一般都以论坛系统或博客系统来搭建。因为这些系统大多是大互联网公司开发的免费系统，各种结构、细节都已经优化得很好，所以对于搜索引擎而言，有很强的友好性。

网络上有一些工作室专门帮人安装论坛系统或博客系统，收费一般都是几十元。

内部问答平台的优化，关键在于问答内容的筛选和更新的频率。内容和平台主题关联性越强越好，更新的频率越稳定越好。

第035招 问答的细分与搜索引擎推广机会

问答内容最核心的推广方法就是 SEO。

为了做 SEO，问答内容可以更加细分。越细分，竞争的网站越少；越细分，吸引来的流量越精准。

问答内容更加细分，是什么意思呢？

例如，“大学四年应该怎么过”这个问题，可以细分为如下四个问题：

1. 大一应该怎么过？

2. 大二应该怎么过？

3. 大三应该怎么过？

4. 大四应该怎么过？

网络上，网民可能会搜索大问题，也可能会搜索小问题。大问题和小问题相辅相成。

问答内容细分之后，就会有如下一些优势：

1. 大家觉得这个平台更加专业。

2. 网站内容更加丰富。

3. 问答更有针对性。

4. 吸引的流量更加精准。

5. 长尾关键词排名更有优势。

我曾经经营过一个论坛，主题是大学生的生活、工作和创业。这个论坛上，有很多精准的问答内容，大概有五万条问答吧。

有一次，我发现其中的一条问答（也就是一个问答页面），每天都有几百个独立IP访问，而这些流量全部都从搜索引擎而来。

那时，我就发现问答内容在网络上有很强大的需求。

第八章 电子书营销

第036招 趁年轻，认真策划一本电子书

年轻的时候不要去追风，而要酝酿自己的能量，等到时机成熟时，你就可以乘势而起。

很多年轻人喜欢追逐各种短平快的推广方法，而忽略了在互联网上经营一些有沉淀的事情。

简单来说，有沉淀的事情就是指创造各种有价值的文字、图片、声音和视频内容，经常分享到那些相对比较稳定的互联网平台，以帮助更多人。

这些内容带着你赋予它们的真善美，在互联网的星空上，犹如各种星辰，星光闪烁。当你坚持三年或五年之后，你会发现，它们如天上的繁星，已经足以照亮你在互联网上的前进之路。

所以，策划并推广一本高质量的电子书，就是这种有沉淀的事情之一。

当你要策划一本电子书时，你可以参考如下这些思路：

1. 你的行业里，有没有相关的电子书？如果有，你要认真地阅读。如果没有，那么，第一本电子书，可能就是由你来创造的。

2. 你的行业里面，有哪些已经出版的书籍？这些书籍，有哪些不足之处？你能否通过一本电子书，来弥补这些不足？

3. 你的内心是否有一种冲动，想找机会跟客户们分享你自己独特的行业经验？那么，电子书是否是一个不错的选择？

4. 不要老是想着通过一本电子书赚到第一桶金，不要迷信网络上那些所谓的电子书神话。

5. 当你的电子书启发或帮助了很多人时，很多商业机会，水到渠成。

6. 一本电子书起码要有二十篇高质量文章，也就是干货。

7. 电子书的内容是你一个人完成，还是邀请多个人一起完成？

8. 电子书的配图如果比较多，阅读起来会比较舒服，但是在手机上传播就会比较难，因为读者怕耗费太多的流量。

9. 如果有朋友愿意结合电子书的主题帮你画一些原创漫画，那么，效果会很好。

10. 电子书的简介要用心写好，简介影响电子书的传播。

第037招

设计一个独特且有利于推广的书名

我的第一本电子书，书名是《最高的不是舞台》。这本电子书的名字，给很多人留下了深刻的印象。

这本电子书是写给大学生看的。很多人看了这个书名之后，就会思考："既然最高的不是舞台，那么，最高的是什么？"

答案，就在这本电子书里面。所以，看了书名，很多大学生都迫不及待地想阅读这本书的内容。

我的第二本电子书，书名是《郑俊雅网络营销心法》。

这个书名能够快速地把这本电子书和其他书籍区分开来。因为很多互联网营销书籍，分享的都是案例或技术，而这本书分享的是心法。很多人第一次听到网络营销也有心法，所以，就对这本书充满兴趣。

电子书的名称要独特，尽量不要跟其他书的名称重复。这样，人家在百度一搜，看到的就是你的电子书了。

电子书的名称要做到有利于推广，可考虑下面这些因素：

1. 书名要大气。

2. 书名没有生僻字。

3. 使用搜狗输入法可以快速打出这个书名。

4. 书名一看就能明白什么意思，但又很有特色。

5. 书名可以结合行业词汇。

6. 书名可以是大家熟悉的行业词加上一个大家都好奇的新鲜词。

7. 书名不要太长，字数最好在 10 个字以内。

电子书的书名确定之后，你就可以开始创作电子书的内容了。

第038招 电子书营销的十六种实用技巧

一个人要在互联网上创造奇迹，有时候，不得不经历一些孤独的旅程。

有时候，有些人看到你充满激情做着某件事情时，他们就会问："这个能赚钱吗？这个有意义吗？这个能当饭吃吗？你以为你是下一个创造奇迹的人？"

我们没有足够的时间去为他们一个个解释："这颗种子播下去，经过我的用心培养，大概两年后会开花结果。"

我们只有抓紧时间，一步步地朝着我们那个不曾告诉别人的梦想前进。

电子书营销就是这孤独旅途中的其中一步。

但是，要走好这一步，需要学习很多实用的技巧，参考如下：

1. 电子书可以做成三种格式，Word格式、PDF格式和3D电子书格式。

2. WPS 为我们提供了很多精美模板。

3. 可以用 WPS 把电子书的每一页都生成图片。有了图片，将更好宣传。

4. 电子书可以放在百度云和腾讯微云上，方便大家下载。

5. 电子书的介绍，可以分享到各种博客、论坛和自媒体上，这样，在百度上将获得更好的排名。

6. 作者尽量不要用网名，除非这个名字已经注册了相关类目的商标。

7. 为电子书注册一个专用的域名，最好是 com 域名，方便以后建立一个专属的博客。

8. 针对电子书中的某些关键问题，可以邀请读者单独跟你探讨、交流。

9. 电子书可以到行业网站进行推广。

10. 在某些论坛注册账号时，可以用电子书的封面作为头像，用电子书的名称作为昵称。

11. 如果你的电子书未来准备出版，那么，内容就要更加高端。

12. 在电子书上，可以分享你的网站。读者点击相应的链接时，最好能够看到更多高质量的内容。

13. 为电子书的读者创建一个或多个交流群，他们将会更有参与感，而且更加乐意帮你把电子书分享出去。

14. 百度上搜索“电子书软件”，你将可以看到专业制作电子书的各种软件和平台。这些平台也为各种电子书提供展示的机会。

15. 电子书的趋势是3D电子书。

16. 某些高质量的电子书可以设置密码。

第039招

借助百度阅读，高效推广电子书

我的电子书，在百度阅读上，至今已有50多万人看过。

百度阅读是一个非常专业和权威的在线书籍阅读平台。百度阅读有很多优势，整理如下：

1. 用户量很大。

2. 审核很严格，作品质量很高。

3. 作品在百度网页的排名很有优势。

4. 作品的页面介绍，清新、精美和详细。

5. 作品可以不断更新。

6. 作品可以设置免费或付费。

7. 百度阅读的APP，会针对用户兴趣，自动推荐相关的书籍。

8. 百度阅读的网页版和APP版，作品的内容页面都非常优美。

9. 读者使用百度阅读时，可以在线做笔记。

10. 作品内容页面可以增加链接。

百度阅读的作者账号的注册，需要填写详细的资料，包括作者简介、作品简介及作品在哪些杂志或大平台发表过等相关信息。

当你注册成功之后，可以通过两种方式制作电子书：导入 Word 文档或者逐页编写。

电子书发表之后需要审核。审核通过之后，电子书就会同时被发布到百度阅读的网页版和 APP 版中。

百度阅读会给你的作品带来很多宣传机会。

第040招 借助文档平台，让电子书远走高飞

国内的文档分享平台有很多。大家在百度搜索“文档平台”，就可以看到大量的相关网站。

比较出名的文档分享平台有百度文库、道客巴巴和豆丁网等。

电子书上传到文档分享平台是比较直接、简单和高效的推广方式。

文档分享平台在各大搜索引擎的排名非常有优势。

所以，借助文档分享平台，你的电子书在搜索引擎上，也能够获得非常好的排名。

想用好文档分享平台，可以参考如下思路：

1. 电子书设计成 Word、PDF 或 PPT 格式，会比较受这些平台欢迎。

2. 这些平台，大多都可以设置付费下载或者免费下载。

3. 电子书的标题对于 SEO 影响非常大。

4. 上传电子书时，文档介绍、文档标签等位置不可小看，对SEO有影响。

5. 同样的电子书可以分享到不同的平台。因为不同平台有各自的用户群。

6. 电子书成功上传到这些平台之后，人气越高，排名越有优势。

7. 如果电子书很长，可以分成多个文档进行上传，标题可以使用不同的长尾关键词。

8. 有的平台会提供专业的文档上传工具。这些工具让上传工作效率更高。

9. 电子书的封面或第一页，一定要设计得主题明确、色彩丰富、字体清晰，因为缩略图很小。

10. 适当地推广你的电子书在文档平台上的链接，尤其是把链接发布到其他高质量的平台上，这样能够提高这本电子书在搜索引擎的排名。

第九章 博客营销

第041招 长期经营一个博客创造营销奇迹

有一些中医养生专家，十几年坚持经营好一个博客，每个星期都发布原创文章，同时也邀请“粉丝”们投稿，长期下来，针对某些细分领域，沉淀了很多专业文章和经典问答，在搜索引擎上获得非常稳定的排名，因而流量源源不断。

这些博客，通过长期分享高质量原创内容，不断输出价值，在行业里打造了知名度，使越来越多的人慕名而来。

由于他们的博客都是免费开放的，所以，读者阅读了大量的博文之后，对这些专家非常信任，因而很乐意在这些博客中购买相关的产品。

这些专家每年都能通过博客创造很多业绩。

在互联网上，如果一件很简单的事情能够长期坚持，就能够创造奇迹。

博客营销，作为最早期的网络营销方法之一，经常被一些年轻人简单尝试后就快速放弃了，却被很多中老年互联网人一直重视。

我有一个朋友，他今年六十五岁，每天坚持发布一篇原创的游记到他的博客上。过去的十几年中，他走遍国内的各大景点，一边旅游一边写博客，从未间断。哪怕有时候待在家里，他也会总结某些旅途的心得体会，然后通过博客分享出来。

有一次，我跟他一起去爬山，他背着一个大书包，胸前挂着一个单反相机。我看后，钦佩不已。有时候，他为了拍一张经典的图片，可以在某个位置等待几个小时。他的博客文章和图片全部共享，免费提供给有需要的人使用。

他经营的博客，已经成为国内非常有影响力的旅游博客。通过这个博客，很多媒体邀请他写文章，也有很多商家，要在他的博客上打广告。

所以，不要老是用“明天能否赚钱”的眼光去考量每一种网络营销方法，而要尝试着用“明年能否赚钱”、“十年后能否赚钱”的眼光去思考。这样，你将比别人多了更多准备的时间。

第 042 招 博客的组合使用会带来更多惊喜

国内的博客平台，比较知名的有四五十个。每一个博客平台，都有自己的优势和相关的用户群。

所以，当你准备开通博客时，你就要考虑清楚，哪个博客平台的特性更加适合你。

博客平台，简单来说，有综合类、社交类和细分类。综合类的博客如新浪博客，社交类的博客如 QQ 空间，细分类的博客如 39 健康博客。

所以，为了让自己的博客营销做得更好，我们可能会考虑同时开通多个博客。这种博客的组合有多种方式：

1. 综合类+社交类+细分类（如新浪博客+QQ 空间+某些细分类博客）；

2. 综合类+综合类+综合类（如新浪博客+天涯博客+网易博客）；

3. 社交类+社交类+社交类（如 QQ 空间+人人网+开心网）。

这三种方式只是其中的三种组合方式。不同企业在不同阶段有不同需要，所以，选择好不同博客平台的组合方式，显得非常重要。

综合类博客在搜索引擎中的排名非常有优势，社交类博客很容易被转发到更多的地方，细分类博客则有着相对比较精准的潜在顾客群。

所以，如果不花点时间，你怎么可能清晰地了解各种博客平台各自的优势。

第043招

博客营销与电子书营销相结合的优势

如果你通过博客发布了多篇原创文章，那么，你的博客排名会越来越高，流量会越来越稳定。

这个时候，你需要给你的读者们带来一些惊喜，如把部分优秀的博客文章整理成为一本电子书，然后免费赠送给大家。

那么，当你准备把博客营销跟电子书营销结合起来时，你可以参考如下这些建议：

1. 电子书的主题，要跟博客的主题一致。

2. 第一本电子书里面有二十篇文章就可以了。

3. 每篇文章越简练越好。

4. 如果每篇文章的篇幅不够，那么可以配上优美的图片。

5. 可以邀请一些经常联系的博客读者写一些推荐语，然后写进电子书里面。这样，他们将给你这本电子书的推广带来很多帮助。

6. 在电子书上留下微信号，包括公众号和个人号。

7. 电子书的下载链接要放在博客明显的位置上。

8. 电子书可以上传到百度网盘或腾讯微云，方便大家下载。

9. 发布新博文时，可以在底部添加电子书的介绍和下载链接。

10. 电子书在其他平台宣传时，宣传文章的标题比电子书的标题更丰富，可以嵌入更多精准的关键词。

读者阅读了你的电子书之后，会对你更加地了解和信任，也会更加喜欢你的博客。

第044招 博客的搜索引擎优化秘诀

博客的主要推广方式，就是SEO。

博客是比较受搜索引擎欢迎的。本质上讲，一切高质量的原创内容，只要它是出现在一些比较大的平台上，那么，这些内容都很容易被搜索引擎收录并获得排名。

博客的SEO，有很多优势，整理如下：

1. 博客平台每天都有大量的原创内容，所以，博客平台整体上比较受搜索引擎欢迎。

2. 博客的内容，一般以文字为主，搜索引擎对文字的索引技术，已经非常成熟。

3. 博客的网站结构，已经优化得非常好。

4. 每篇博文的底部都会自动推荐上一篇文章和下一篇文章，这样，博客内部的文章链接结构非常清晰。

博客的SEO，有很多技巧，整理如下：

1. 博客的名称，是权重最高的地方，这里可以填写最重要的关键词。

2. 博客的简介，是权重比较高的地方，这里可以填写作者简介或博客特色。

3. 博客名称的关键词尽量不要随便更换，会导致排名不稳定。

4. 博客文章的分类要逻辑清晰。

5. 分类的名称可以使用长尾关键词。

6. 每篇博文的标题都是搜索引擎重点关注的地方。

7. 博文的标题可以嵌入一个或多个长尾关键词。

8. 每篇博文的标题中嵌入的长尾关键词要尽量不同，合理分配。

9. 文章底部，如果能够填写标签，尽量认真地填写。

10. 文章的原创内容越多，越受搜索引擎欢迎。

11. 长尾关键词，可以合理、均匀地分布于文章的前面、中间和结尾。

12. 跟其他博客交换友情链接。

13. 跟其他网站交换友情链接。

14. 在其他平台付费推广你的博客，放上博客链接。

15. 一篇文章是原创内容，一段话也是原创内容。所以，某些时候，如果你写不了文章，那么你可以尝试写一段话。

16. 博文的垃圾评论要尽快删除。

17. 博文的评论也可以嵌入长尾关键词。

18. 多个博客同时优化。

第045招

博客营销的十六个实战技巧

有人说："博客和论坛有点像城镇，各种聊天APP有点像城市。"

很多人来自城镇，后来听说城市有很多机会，于是背井离乡，争先恐后地跑去城市发展。经过多年的奋斗，最终发现，某些老同学在城镇扎根多年，今天反而发展得很好。

那些锁定博客和论坛，深耕多年的人，的确赢得了很多发展空间和机会。

如果你想经营好博客，可以参考下面的这些技巧：

1. 一开始，不要在意你的博客有没有人看。

2. 博客的名称一定要正能量和个性化。

3. 如果你想推品牌，就把品牌名放到博客名称中；如果你想推人物，就把人物姓名放到博客名称中。

4. 尽量申请博客认证。

5. 每一篇博文都要认真排版。

6. 每一篇博文不求字数很多，只求没有废话。

7. 博文的配图可以使用创客贴或美图秀秀来设计。

8. 博客是你的，也是读者的。所以，要重视读者的感受。

9. 那些“今天又下雨了”“心情很糟糕”之类的内容，尽量不要放到商业博客中。

10. 要争取站在行业专家的高度，去写好每一篇文章。

11. 写博客，一开始不要怕苦，坚持十天之后，你就会喜欢上这个工作。

12. 在博客中真诚地介绍你的创业故事，而不是一味地吹嘘自己的头衔。

13. 经常把你的博客链接或博文链接推广到大平台上，你会发现SEO 效果越来越好。

14. 邀请你的“粉丝”分享经验，这些经验可以分享到博客上。

15. 当你已经有了一定知名度时，就可以在博客中推荐你的产品。

16. 尽量邀请读者加你为微信好友，也可以邀请他们关注你的公众号。

第十章 论坛营销

第046招 锁定最大的论坛，打造品牌知名度

互联网领域有一个有趣的现象：各种新平台和新 APP 推出之后，很多网商就会放弃之前已经研究得很熟悉的各种网络营销方法，转而研究新平台和新 APP 的营销方法。

一旦有人问他们“最近研究些什么方法？”他们就会说：“在研究各种最新方法啊。”如果有人接着问：“那论坛营销和博客营销，还在继续研究吗？”他们马上就会说：“哦，那是很古老的营销方法了，我们早就抛弃那些方法了。”

他们生怕别人嘲笑他们跟不上互联网的步伐，也生怕自己错过互联网的各种新机会。所以，他们不断学习，不断抛弃。最后，一无所成。

其实互联网有趣的地方在于：新的东西出来之后，旧的东西也会不断地迭代升级。

所以，互联网上依然还有无数的机会，一是新事物带来的机会，二是旧事物被很多人抛弃后腾出来的机会。

有一个人，十年前在天涯论坛上发帖，分享年轻人创业如何快速赢利和发展，吸引了无数的“粉丝”。之后，他陆续推出了自己的化妆品品牌和餐饮品牌，之前在论坛上积累的“粉丝”和人脉关系给他带来很多支持和帮助，事业突飞猛进，创造了很多营销奇迹。至今，他的帖子依然保留在天涯论坛上。

论坛十年前创造过神话，今天依然不断地创造神话。

其实，国内做网络营销最厉害的，是那些明星和歌星。他们的营销团队几乎运用了网络上的各种主流平台，无论是新兴的还是已经发展多年的。

你可以放眼去看，那些被很多网商抛弃的平台，都有那些明星和歌星宣传的身影。

很多网商喜欢凑热闹，什么火热就转行研究什么。

互联网是一个大生态，各种大平台、大 APP 都是这个大生态中的一部分。

今天，我们认真观察各种论坛平台，就会发现，那些最优秀的论坛，至今依然有无数的用户群。

国内著名的论坛有天涯、163 论坛、淘宝论坛、新浪论坛、猫扑、搜狐社区、西祠胡同和 19 楼等。

如果你要做论坛营销，那么，你可以从最大的论坛开始。

一开始，你可以专注发好一个高质量帖子，然后把更多的精彩内容通过回帖的形式回复到帖子下面。这样，你的帖子会有越来越多人关注。

之后，你可以通过不断地分享高质量的原创内容，逐步影响更多人，从而打造品牌知名度。

第 047 招

锁定行业的垂直论坛，寻找潜在客户

对于中小企业而言，前期要想有比较好的宣传效果或转化率，那么，锁定自己行业内的垂直论坛更加重要。

垂直论坛就是专注某个行业或者某个细分领域的论坛。比如，吃货有吃货论坛，宝妈有宝妈论坛，SEO 有 SEO 论坛，健康有健康论坛，太极有太极论坛。几乎每个细分领域，都有专业的论坛。

垂直论坛凝聚了行业里很多精准的人群。所以，在垂直论坛上分享经验或干货，可以影响更多精准的用户群。

垂直论坛相对于综合论坛而言，规模比较小。论坛的管理员对广告的审核，会更加严格。所以，一开始，你要尽量分享一些对用户有帮助的内容。这样，你会更受管理员和用户欢迎。

如果你一定要发广告，也可以直接跟论坛的管理员联系。他们会发给你论坛上各种广告位的报价单。广告位的价格是可以商量的。一般来说，购买的时间越长，平均价格会越优惠。

垂直论坛还有一个优势。由于这些平台经常分享各自行业最相关的文章，所以，针对该行业的相关关键词，这些平台在搜索引擎上的排名非常靠前。

所以，如果你在垂直论坛上发帖，帖子的标题和内容，可以多嵌入一些该行业用户最喜欢搜索的长尾关键词，排名效果通常都非常不错。

第048招

有些人注册了几百个论坛账号

有一些年轻人，大学期间，就开始注册各种论坛的账号。他们一般都选择一些比较有知名度的论坛，然后注册账号。

等到他们毕业时，这些账号都已经注册或使用了几年了。

那么，这些账号有什么优势呢？分析如下：

1. 发帖不会轻易被删。

2. 在论坛上的权重比较高，发帖的时间和频率都比较自由。

3. 在搜索引擎上的排名会更有优势。

他们在不同的论坛都注册了账号，那么，无论他们毕业后从事什么工作，都能找到对应的行业论坛，宣传效果很好。

不同的论坛有不同的游戏规则。他们使用这些论坛几年，所以熟悉各个论坛的规则。他们非常清晰地知道，什么帖子要发到什么论坛，什么时候可以在什么论坛发帖，什么论坛一天可以发多少篇帖，什么论坛的流量比较大。

他们用非常专业的Excel表格，管理着这些论坛账号。

他们大学刚毕业，通过发帖，每个月都能收入一万元以上。

所以，很小很小的事情，只要用长远心去规划和落实，就能逐步看到成绩。

第 049 招 锁定细分领域，创造行业论坛，长期沉淀

一家企业，如果创造了一个行业论坛，那么，就可以为这个行业做出更多的贡献，因而，也会有更大的知名度和更高的行业地位。

要创建一个论坛，首先必须了解论坛系统。目前，国内比较流行的论坛系统有两种：Discuz 和 Phpwind。这两种系统都是免费的。

很多人觉得安装论坛很复杂，因此一开始就放弃了。其实，论坛的安装，可以在淘宝上请专业的人才帮忙，一般收费都是几十元。

安装好论坛之后，你要在网站后台认真设置好论坛的各种信息，包括论坛名称、论坛说明、板块名称、板块规则、会员组名称、会员权限和积分体系等。

接下来，最重要的工作就是丰富论坛的内容，参考如下：

1. 自己发帖。

2. 安排员工发帖。

3. 邀请威客发帖。

4. 引导会员发帖。

帖子内容尽量以原创内容为主，这样，更加受搜索引擎欢迎。

论坛一开始是没什么流量的，所以，你要使用各种方法把这个论坛推广出去。参考方法如下：

1. 在其他论坛或博客发帖时，末尾注明“本帖转自某某论坛”。

2. 在各种自媒体平台发帖介绍“某某论坛最新新闻或活动”。

3. 在其他网站购买广告位，放上链接，吸引流量到自己的论坛。

当这些工作都逐步做好之后，你就会发现，自己的论坛在行业里越来越有影响力。那么，这个时候，你要投入更多的费用，分享更多的资源，创造更多的活动，设置更多的奖励，以吸引更多的会员来这里分享、交流和发展。

第050招 论坛的搜索引擎优化秘诀

论坛的推广，最主要的方法是SEO。

SEO最核心的因素有三个：网站结构的优化，原创内容，外链。这三个因素都是要不断优化的。

大家可以参考如下这些思路和方法：

1. 论坛标题、板块名称、板块说明，三者都处于权重非常高的位置，要设置好相关的关键词。

2. 论坛标题不要经常更换，否则，会导致降权。

3. 文章的原创比例越高越好。

4. 不要某个阶段发大量的帖子，之后又几个月没有任何新帖子。

5. 发帖的数量要稳步增长，或者持平。

6. 每个板块尽量邀请一些优秀会员担当版主，这样会使整个论坛更有活力。

7. 定期组织征文活动，这样可以带来更多原创内容。

8. 欢迎一切自媒体人投稿，而且用网站首页的某些广告位帮一些优秀文章推广。

9. 设置好积分奖励体系及积分可以兑换的礼物，这样可以激励更多人主动发帖。

10. 回帖，对整个论坛的排名也会有所影响。

11. 经常把论坛的链接发布到权重更高的平台上。

12. 在大平台购买一些广告位，推广自己的论坛。

13. 有收入时，投入更多的费用推广论坛。

14. 高质量的外链，是 SEO 第二重要的因素，第一重要的是原创内容。

15. 垃圾文章要及时清理。

16. 晚上十一点之后要限制发帖数量。

第十一章 社群营销

第051招 专家社群需要什么样的专家

社群，是最近很火热的一个话题。

一般来说，社群主要有三种类型：第一种是围绕着某位或者某些权威专家所形成的专家社群，第二种是围绕着某款产品而形成的产品社群，第三种是围绕着某种兴趣而形成的兴趣社群。

社群有线上社群、线下社群和线上线下相结合的社群。

社群在网络上的平台载体，有以论坛社区为主的，有以贴吧为主的，有以交流群为主的，有以公众号为主的，有以圈子 APP 为主的，也有以直播群为主的。

社群在线下的形式载体或活动载体，有以俱乐部为主的，有以定期沙龙为主的，有以“粉丝”见面会为主的，也有以培训会为主的。

简而言之，社群就是一群志同道合的人聚在一起。

那么，专家社群需要什么样的专家呢？分析如下：

1. 有正知正见，能够引导成员走向真善美。

2. 在某个细分领域沉淀多年，有丰富的行业经验和核心竞争力。

3. 有时候，愿意孤独地研究某个行业难题，耐得住寂寞，不偏爱鲜花与掌声。

4. 有某些重要的作品或资源，可以共享给成员。

5. 待人热情，乐于分享干货。

6. 每个成员一视同仁。

7. 尊重其他专家，不攻击同行。

8. 愿意为成员创造更多合作机会。

9. 为成员提供平台，让每个成员有分享自己经验和资源的机会。

10. 能够带领大家做一些公益事业。

11. 稳步前进，而不好高骛远。

12. 不把自己搞得像偶像一样，放下架子，让大家感觉很亲切。

第052招 产品社群如何打造参与感

最近几年，打造产品社群最成功的莫过于手机企业。现在越来越多的手机企业专注于产品社群的打造、培养和经营。

对于产品社群的成员而言，最开心的事情，莫过于可以参与到某样伟大产品的设计或生产过程之中。

有一些手机企业，为了让成员更有参与感，它们做出了如下这些努力：

1. 创建网上交流社区。

2. 在社区上设计多个版块，每个版块邀请成员担当管理员。

3. 定期举办线上活动，邀请成员担当负责人。

4. 定期推出“新品升级，征集大家建议”的线上交流活动。

5. 设计吉祥物。

6. 让吉祥物的卡通形象出现在周边产品中。

7. 让吉祥物的形象出现在各种礼物中，如帽子、T 恤、包包或充电宝，然后，通过举办活动，把礼物奖励给某些参与者。

8. 邀请成员在各地自主地成立“粉丝”圈子，定期资助他们举办线下交流会，会议大多以“交流产品使用体验和经验，探讨产品升级思路和细节”为主题。

9. 成员可以参与产品设计和生产的诸多环节中。例如，图片设计、文案设计、APP设计、游戏设计、功能设计或产品测试等。

10. 积极的参与者，可以获得某些奖品或优惠。

11. 举办现场活动，邀请各地成员共同参与，创始人分享行业经验、创业故事、奋斗历程、产品优势、新品技术、产品专利、行业地位和品牌成就等。

12. 现场活动的参与者，可以获得某些礼物或优惠。

13. 成员有一个统一又亲切的称号。

14. 创始人也有一个自然、亲切的称号。

15. 在不同场合，通过各种活动，创始人真诚肯定成员们为公司发展做出的贡献。

16. 分享某些成员为这个品牌付出的努力，通过视频、图片、文章或语音，分享他们的感人瞬间。

第053招

兴趣社群如何共同成长

有一些喜欢写作的人才，加入了某个交流群，群主规定：“大家每天早上六点钟起来写一篇文章，七点钟交稿，累计三天没有完成者，请自动离开。”

这就是兴趣社群的一个例子。

兴趣社群有很多种，例如，文学社群、写作社群、音乐社群、画画社群、单车社群、跑步社群、驴友社群、书法社群、舞蹈社群、武术社群、游戏社群、明星社群、电影社群、宝妈社群和交友社群等。

兴趣社群，成员们如何共同成长？可以参考下面这些细节：

1. 社群的兴趣方向，一定要真善美。

2. 如果有一些优秀的成员做榜样，就会更好。

3. 与其承诺过高，不如一步一个脚印。

4. 每个成员都是平等的。

5. 财务清晰。

6. 举办活动时，可以考虑邀请专业的设计师拍摄，然后再把专业的照片分享给每一位成员。很多成员看到这些照片很专业、大气，更愿意去分享。

7. 社群成长历程，记录社群的每一次进步。

8. 定期邀请优秀成员分享经验。

9. 预防某些负能量的成员组队破坏社群良好的氛围。

10. 有一些共同的纪念品会更好。

11. 经常分享一些用心的话语，鼓励大家共同成长。

12. 对成绩优秀者奖励。

13. 建设社群网站。

14. 经营好社群公众号。

15. 社群的好人好事，用公众号群表扬。

16. 社群成员取得的共同荣誉，要第一时间与大家分享。

17. 社群成员参与相关比赛，要予以支持，并积极报道。

18. 制定一年的活动安排，通知各位成员。

19. 各种管理工作，由有能力的成员负责，做好分工。

20. 经常参与一些公益活动。

第054招 社群的吉祥物：人见人爱的卡通形象

百度有百度公仔，QQ 有 QQ 公仔，淘宝有淘宝公仔，小米有小米公仔，三只松鼠有三只松鼠公仔，江小白有江小白公仔，乐播者有乐播者公仔。越来越多的企业，都推出了自己企业专属的吉祥物。

社群，也可以有自己专属的吉祥物。吉祥物可以带来如下好处：

1. 各种宣传需要用到人物形象却没有合适的形象选择时，就可以用吉祥物的卡通形象。

2. 举办各种活动，需要赠送礼物时，就可以选择吉祥物。

3. 吉祥物设计好之后，申请版权保护，然后，可以用于多种用途。

4. 吉祥物有一定的知名度后，可以推出相关的衍生产品。

5. 设计一套吉祥物专属聊天表情。

6. 吉祥物能够拉近成员之间的距离。

7. 看到吉祥物，成员们就会想起社群。

8. 大家普遍认为：吉祥物是善意的。

9. 吉祥物，不但大人喜欢，小朋友也喜欢。

10. 吉祥物可以做成不同尺寸、材质的公仔。

11. 请模特拿着吉祥物拍照时，模特会很喜欢，因为吉祥物一般都很萌。

12. 爱萌之心，人皆有之。

13. 吉祥物在网络上可以走进更多的角落。

14. 社群里的经典名言，可以跟吉祥物的照片结合在一起。

15. 吉祥物可以做成动画里的卡通形象。

16. 很多时候，吉祥物的存在，无声胜有声。

第055招 设计好社群成员的共同作品

一个社群要想长期发展，一定要有丰富的资源供成员们共享。资源有多种形式，例如，商业合作资源、学习资源、活动资源和信息资源等。而学习资源是这些资源中成本最低又最能维系用户黏性的资源。

所以，社群的创始人和成员，都要定期地分享自己的经验，并做成作品供大家学习。

一般来说，社群创始人以身作则，主动创作和分享作品，带动优秀成员参与，而后再影响更多成员参与。

无论是专家社群、产品社群还是兴趣社群，共同作品都非常重要，它是保证社群蓬勃发展的重要基础。

社群的创始人可以定期推出活动，确定不同的交流主题，邀请成员主动参与该主题的经验分享和作品创作。而后，社群负责团队将这些经验或作品，汇总成一份完整的作品，再共享给所有成员学习。

由于这些作品是多人参与创作或设计的，所以，这些人都很乐意主动推广这些作品。每个优秀成员在社群里，都有自己比较熟悉的朋友，因而，他们能够起到非常良好的带头作用，调动整个社群的氛围。

共同的作品，能够给社群成员带来荣誉感。这次没有机会参与创作的成员，会期待或争取下次共同创作的机会。当成员对未来有了憧憬时，这个社群就会变得更有活力。

第十二章 微商营销

第056招 用长远之心选择一款共赢的产品

我读大学的时候，就开始研究互联网营销。那时候，我就想："未来可能会有一种商业模式，就是一些很小的个体，用很简单的工具，做着很小的生意，为互联网做出小小的贡献。这些人，或许就叫微商。"

那时候，我想注册一个与微商相关的域名，查询之后，发现微商的各种顶级域名都可以注册。当时注册一个域名的费用大概是 100 元，学生时代的我，觉得 100 元有点贵，因此就没有注册下来。

因为 100 元，我错过了一个价值一千万元的域名。

虽然错过，但并不遗憾。有些事情，就是如此。人生有错过、重逢和牵手，我们才会更加珍惜今天的机会。实际上，互联网依然有无数的机会。

过去的几年，微商创造了无数的神话，有的是真实的，有的是浮夸的。

经常有一些做微商的朋友跟我交流，说他们赚了多少多少钱，当我要邀请他们拿出一点钱捐给希望小学时，他们都默不作声了。

有的人说："微商每赚到1元，就会说赚到了100元。"

很多人说起电商时，大多会说某些产品的价格真优惠。很多人说起微商时，大多会说谁谁谁又赚到了多少钱。

卖家获益还是买家获益，这是衡量一种创业模式是否合理的标准。其实，优秀的创业模式，应该是卖家和买家同时获益，哪一方吃了大亏，都不是长久之计。

国外有一本书，叫做《穷忙》。这本书描述了国外有很多年轻人参与各种工作获得收入之后，在市场上消费各种产品时，物无所值，如一杯柠檬水的成本是1元，在某些餐厅消费时，收费是40元，那么，这些年轻人消费各种产品时，收入很快就会花光，最后发现自己一直处于穷忙的状态，也就是"一直在劳动，却一直很穷"。

如果微商的产品让消费者变得穷忙，那么，微商们是要反省的，这种状态是不可能持久的，因为市场上产品的选择有很多，无论微商们怎么发收入截图，始终无法永久左右市场中这只无形的手。这只无形的手，会让一切买卖变得平衡。

所以，微商如果要发展，就一定要用长远心去选择一款共赢的产品。这款产品卖出去，不但自己能够获益，消费者也能够获益。不但卖家总部能够获益，代理商也能够获益。这种能够让所有参与者都获益的产品，才是长久的产品。

第057招 素材库设计和活动推出计划

微商们每天要在社交平台上推广产品图片，推广工作已经花掉他们很多时间，他们无法每天拿出足够的时间静心、精心地去设计每一张图片。所以，希望总部能够源源不断地给他们提供优秀的图片素材。

总部必须要有专业的设计团队，每天负责设计精美的宣传图片，分享给所有代理商。为了方便管理，总部需要对图片素材进行整理，并创建一个素材库。那么，这部分的工作，可以参考下面这些思路：

1. 可以用百度云或微云，每天把新的图片分享到一个共享的文件夹。

2. 可以用公众号，设置输入某个关键词就自动发送相应的图片素材。

3. 可以用QQ群，把相关素材上传到群共享中。

4. 可以用Discuz社区体系，创建素材库版块，每天创建一篇帖子，当天的图片素材全部添加为这篇帖子的附件。

生意冷清时，微商们会感到迷茫或失去信心，那么，总部要及时告知微商们接下来一年的优惠活动、促销活动、奖励活动和支持活动。最好做成一张清晰的表格，让微商们一目了然。

第058招 成功的微商团队，需要优秀的讲师

现在，网络上的学习平台有很多，如百度传课、网易云课堂、腾讯课堂、千聊 LIVE、荔枝微课和喜马拉雅电台等。这些平台有很多优秀的课程，涉及互联网营销的各个领域，其中也包括微商营销。

微商要找到外部学习资源，也要搭建内部学习平台。例如，通过学习平台开通自己团队的学习主页，或者经常组织大家在交流群中学习和讨论。

那些发展得比较好的微商团队，往往都有优秀的讲师，甚至有优秀的讲师团队。

讲师能总结各种问题，能发现各种机会，能帮微商们理清思路。

有人说，微商的较量，不是产品的较量，而是讲师的较量。

然而，优秀的讲师很难得。很多讲师都是半路出家，自己都还没有理清思路，就开始使用“国际讲师”、“金牌讲师”、“十大讲师”等头衔。

一个真正优秀的讲师，不是他有多少头衔，而是他真正启发了多少人。

有一些讲师，一讲话就陷入套路，好像在不断重复某些人总结出来

的讲话模式。这些人，对行业没有深入的研究，对产品没有足够的热情，对顾客没有及时的了解，对代理商没有真诚的关怀，就只知道抛梦想、提奖励、比收入，画饼充饥，自欺欺人。

当代理商们每次遇到的都是这样的讲师时，他们就会开始厌倦，然后选择放弃。

孔子曰："君子和而不同，小人同而不和。"

优秀的讲师，应该各有优势，各具特色，这样才能启发更多人。

优秀的讲师，应该明白如下这些关键点：

1. 真诚关心每一位微商。

2. 选择优秀的产品，加入优秀的团队，只讲真善美的内容。

3. 可以宣传业绩的重要性，但不能以业绩伤害别人的自尊。

4. 每一位微商咨询时，都要耐心解答，不装大师，不扮"大咖"。

5. 定期分享干货，不说一句废话。

6. 拿出更多的礼物，奖励认真听课的学习者。

7. 帮助团队培养更多专业的讲师。

8. 把自己的干货做成高效的 PPT 和思维导图，分享给大家。

9. 给优秀的微商分享自己经验的机会。

10. 深入辅导几位榜样微商，引导他们帮助更多微商。

第059招 用一本独特的笔记簿引导团队

很多微商每天对着自己的几百或几千个好友，不断地发文章、产品和截图，发现生意依然没有好转，因而不知所措。

微商手机上的好友，有的是亲戚，有的是同学，有的是客户。客户不可能天天购买，哪怕微商天天发收入截图和产品图片。

很多微商，每天除了在微博和朋友圈上发图片、给各个群或好友发广告，其他的就不知道做什么了。

对于微商总部而言，可以设计一本专用的笔记簿，这个笔记簿上可以罗列好微商每天做的各种细分工作，以表格的形式，引导微商从上到下逐步完成各项工作，已经完成的工作，就打勾。这个笔记簿，最好有365页，一天一页。每个微商，各领一本。

这个笔记簿的设计，可以参考下面这些思路或方法：

1. 每天要写多少文字？从什么角度写？

2. 文字要发到什么平台？

3. 每天要设计多少张图片？用什么思路设计？

4. 图片要发布到什么平台？

5. 每天要加入多少个群？

6. 每天要开发多少位潜在客户？

7. 每天要学习哪些课程？在哪里学习？

8. 每天要在微商交流群里分享一句什么心得或经验？

9. 每天要提出一个什么问题？

10. 每天要跟多少位顾客深入互动？

11. 每天要在哪些平台分享内容？

12. 每天要请威客完成什么工作？

上面的这些思路，只供参考。你可以根据自己的实际情况进行调整、修改和完善。有了这样的笔记簿，微商们将非常清晰地知道自己每天要做什么事情，要先做什么后做什么，这样，整个微商团队就能够稳步发展。

第060招

微商、电商和品牌化运营

有人说："微商产品很少发展超过三个月的。"

任何产品，如果不以长远心来规划和经营，就有可能只注重眼前利益，忽略长远布局。

有的微商产品，在百度上搜索不到任何信息。这类产品，一般都不想做成真正的品牌。

当一款产品不想做成品牌时，创始团队或许就会忽略代理商和顾客的需求和反应，只是注重代理商拿货的数量和自己的流水总数。

不发展品牌的微商，是没有前途的，哪怕他们今天的流水很好看。

有一些产品，不但微商在卖，电商在卖，实体店也在卖。这类产品，消费者购买时，会更加信任。

这类全线经营的产品，需要很强的管理团队。管理团队要平衡各种渠道的利益，做好各种渠道的沟通，实在不容易。但也有团队做得很好。

有些团队，电商是直营的，微商代理是授权给别人的。这种模式有点像七星伴月。

有的人可能会说："电商的价格战那么激烈，电商产品只能压缩利润空间，那么，这种利润空间根本无法发展微商代理。"

其实，电商不一定要参与价格战，微商也不一定要多级代理。但是，一定要发展品牌。

坚持品牌发展思路，微商才可以长久，电商才可以长久。因为，未来竞争会越来越大。消费者面对不同价格的类似产品，要么选择低价的，要么选择品牌的。所以，如果你的产品，有品牌效应，又有价格优势，那么，未来依然有很多机会。

发展品牌，在一开始的某些阶段，可能要饿肚子。为了发展品牌，企业有时候要放弃很多东西。但是，一旦品牌建立起来，企业又能赢回很多东西。

第二部分
创 造

你要创造一些与众不同的东西，你的产品要像一盘绿豆中少数的几颗红豆一样，这样，你将脱颖而出。不要随波逐流，与其跟风投身红海，不如转身走进蓝海。你可能要经历一段孤独的旅程，因为每种创新都将迎来无数人的质疑和漠视。他们只是条件反射般地不自觉地表达了看法，很快，他们就会忘记自己说了些什么。

第十三章 文案营销

第061招

不要迷恋销售信，好文案需要推陈出新

有一些营销人员，很迷恋销售信。他们认为，写好销售信之后，接下来就可以坐等收钱了。销售信并没有传说中的那么神奇，销售信只是营销中的一个环节，并非一定需要。

有一些网商朋友跟我交流时，问："为什么我的销售信推出去之后，依然没什么人购买呢？我已经作出了零风险承诺，而且提供了多种赠品和附加值。"

文案写得再好，依然需要专业的推广，才能发挥作用。

更何况，很多销售信的文案写得并不好。很多人写销售信，并非源自对行业的热爱和对顾客的关心，而是四处找模板拼凑而成。这样的销售信，顾客读到时，只会觉得这是一篇没有灵魂和感情的文章。

有的人喜欢在销售信中作出各种承诺，包括零风险承诺。其实，当一个人在行业中有一定的知名度时，很少顾客会要求零风险承诺，或者说，顾客认为，零风险承诺是必须的，无须另外强调。

当一个人忽略了品牌沉淀和培养顾客信任感，就会以为，作出一个零风险承诺，就能获得顾客的信赖。

当一个人不注重产品价值，无法将产品打磨到令人惊艳的程度，就会更加注重宣传各种赠品。更何况，很多人在销售信中承诺赠送的礼物，大多实际价值不大。

如果没有把握互联网营销的本质（打造惊艳的产品价值，沉淀品牌知名度，培养信任感），那么，无论销售信写得多优美，依然如空中楼阁，终将不能长久。

所以，这里我们并不否定销售信的价值，而是否定只依赖销售信而忽略营销本质的，企图走捷径的推销模式。

好文案，需要推陈出新。无论你是写销售信，还是创作其他类型的文案，你依然需要不断地打磨自己的作品，经常调整和完善，这样，才能更进一步地了解顾客的实际需求和真实反应。

第 062 招 好文案需要好素材，日积月累很重要

有的人认为，学习一些简单的技巧，就能把文案写好。其实，文案创作 99%的工作，都是学习；只有那 1%的工作，才是最后的写作。

没有长期的积累和大量的沉淀，就不可能有瞬间的文思泉涌。

为了在短时间内写出优秀的文案，你可能需要付出大量的努力：

1. 各种商家的广告语都要认真阅读，无论是实体店的，还是网店的。

2. 经常翻阅成语词典，学习如何用简练的文字表达深刻的内容。

3. 背诵经典的唐诗宋词，学习古典文学的文字之美、意境之美、韵律之美和情操之美。

4. 认真阅读《广告标题创作与赏析》(张秀贤编著)，反复学习里面的经典广告标题。

5. 认真阅读一些世界名著，感受世界大文豪深邃的思想和深厚的功力。

6. 阅读各种名人语录，了解不同名人的人生观、价值观和世界观。

7. 认真研究大网站首页的广告文案。

8. 认真研究行业前十名的详情页。

9. 阅读策划大师和营销大师的文案作品。

10. 阅读儒释道经典文章，为文案创作找到真正的根。

11. 经常把经典或优美的句子记录到笔记簿上。

12. 坚持每个星期复习自己的读书笔记。

如果你能根据上面的建议认真学习、不断积累，那么，你的文案创作能力将逐步养成。

第063招 一流的文案需要灵光一闪

当你有了前面的长期积累，那么，文案的创作灵感就会逐步涌现。

当你需要在某个限定的时间内写出一流的文案时，你可能会发现，头脑里突然一片空白，但你知道你的创作能力不只如此。因此，你需要放松，尽量地放松。

放松，是对自己的宽容和理解。放松，是对自己的信任和接纳。

当你真正放松时，你会感觉你心灵的空间变得更加开阔。这种空，不是一无所有，而是蕴含着各种灵感。

如果你不强求心灵"要为赚钱写出好文案"，不暗示心灵"如果写不出好文案就要失业"，而是拿出对心灵真正尊重的态度，没有杂念，没有私欲，没有偏见，你或许就会发现，灵感自然涌现，下笔如有神。

有时候，为了让自己更有灵感，你或许需要静坐片刻，或许需要出去走走，或许需要听听音乐。很多时候，正是这些"无为"的时光，孕育了那些经典的作品。

第064招 文案创作经常用得到的技巧

有时候，不真正动笔写一写，还真不知道自己有没有写作的能力。有时候，不把稿件发布到大平台，还真不知自己的文字是否受欢迎。

所以，趁着年轻，现在就开始去写作，去投稿，去发布。

但是，不能尽信别人的评价。有些人评价你作品优劣，并非想帮助你成长，而是想表达自己的优越。所以，可以参考，但不能较真。

为了写出更好的文案，你可以参考下面的这些技巧：

1. 如果你能用笔认真地在笔记簿上写下一些文字，那么，这些文字对你的影响或许更加深远。

2. 你的心情越放松时，你的文字会越优美。

3. 不要说写作能力是天生的，要相信，每一次写作之后，你都前进了一步。

4. 可以把你的某些文案朗读出来，然后配上合适的音乐，看看你听后是否会感动流泪？或者拍案叫绝？

5. 如果你写下的文案，能够吸引你反复阅读，那么，那肯定是一个值得自豪的时刻。

6. 以徒弟般虔诚的心态，阅读大师的作品。

7. 阅读经典作品之前，尽量要洗手，你对待经典作品的态度，或许就是日后别人对待你的作品的态度。但凡事不能强求。

8. 其实，敬畏心是文案创作非常重要的东西。缺乏敬畏心，文案创作将没有了天空，只有了天花板。整天面对着天花板，你无法自由翱翔。

9. 优秀的文案，不说一句废话。

10. 尊重别人的时间，文案创作要惜字如金。

11. 不要被竞争对手文案负责人的头衔吓倒，只要你的文案真善美，而且源自心灵深处，那么，你就可能会触动顾客心灵。

12. 标题的文字虽少，要下的工夫可能很多。

13. 文章思路的清晰，源自自己心灵和思维的清晰。

14. 带着微笑去感受你的文案，你是感受到美好，还是感受到丑陋？如果是后者，那么，可能文案中潜藏了自己的某些私欲，如好为人师、夸夸其谈、争强好胜、攻击他人、蔑视权威、诋毁经典、毁谤圣人或口出恶语。这些缺点就如心中的刺，要真诚化解。

15. 很多人认为好文案跟词汇量有关，其实，好文案跟心量有着更重要的关系。

16. 笑一笑，开始创作第一篇文案。

第065招

当触动心灵的文案遇见精美的图片

衡量一篇文案是否优秀，主要看它是否触动读者的心灵。

优秀的文案，读者在阅读时，愿意用笔把经典的句子画出来，越画越多，最后发现整篇文案几乎都画满了，之后看你的其他文案时，干脆不画了，因为每句话都很经典。

优秀的文案，如果遇见精美的图片，那么，宣传效果会更好。

精美的图片，网络上到处都是，但是，不能随便使用。因为，很多图片都有版权。

所以，当你去旅游的时候，看到美丽的风景，可以多拍一些纯粹的风景照片，不能只是拍人物照片。因为，很多时候，你要为你的文案配上的图片，是风景照，而不是人物照。

当然，有时候，你要给文案配的图片是人物照、产品照、工厂照或活动照，那么，在拍照时，也要尽量以更高的要求来拍摄。

有时候，为了有更多的选择，我们可以考虑在专业的图片网站购买可以商用的图片。

这些图片，更加大气、唯美和精美。

互联网精彩的地方，不是你每天都省下了很多钱却一事无成，而是你懂得花钱购买更多优秀的资源来成就你最核心的作品。

互联网上那些最美好的内容，往往包含着这些因素的全部或部分：美文、美景、美声、美行和美人。这里说的美人，不只是指美女。真正的美，以德为美。

为了那些美好的事情，很多人付出了一生的努力。

第十四章 段子营销

第066招 找到创作段子的灵感

要创作优秀的段子，首先必须学习优秀的段子。大家可以参考下面这些方法：

1. 在百度网页中搜索段子，找到相关的网站。

2. 在百度图片中搜索段子，找到相关的图片。

3. 在手机应用市场中搜索段子，找到相关的 APP。

4. 在购书网站中搜索段子，购买相关的书籍。

5. 在微博上关注一些经常分享段子的账号。

6. 在微信上关注一些经常分享段子的公众号。

7. 经常在朋友圈关注一些段子类的内容。

通过上面的方法，你可以快速积累很多段子素材。这些素材会带给你一些思路和启发。你会逐步明白：“原来，段子是这样创作的。”

有些人，段子研究多了，一开口，就能说出让人拍案叫绝的段子，这就是融会贯通。

段子有很多种类，如笑话段子、故事段子、语录段子、专家段子、哲理段子、商业段子和历史段子等。

找到适合自己习惯和优势的段子种类，将更有利于创作。

段子往往可以植入品牌名、公司名、人名等。只要段子的内容真善美，哪怕段子中植入了某些名字，依然受欢迎。

段子的创作灵感，一般在什么时候涌现呢？分析如下：

1. 阅读其他段子的时候。

2. 集中时间创作的时候。

3. 经历某件重要事情的时候。

4. 一群朋友交流思想的时候。

5. 听到经典音乐的时候。

6. 夜深人静、独自静坐的时候。

段子灵感涌现时，不一定是完整的，它可能是段子的某个片段，这需要后期的优化或再创作。

当我们把某一个灵感变成作品时，内心就会有一种欢喜。让我们静下来，去感悟这种欢喜。

第 067 招 专家观点段子很受欢迎

段子创作，最简单的形式和方法，就是专家观点的汇总。

例如，你是某个领域的专家，你有一些创业心得。所以，你可以挑选出其中最有意义的四句，进行简化、优化和排序，前面加上一个标题，段子就创作出来了。

举例:【郑俊雅谈互联网】1.互联网具有无限的可能性；2.你怎么对待互联网，互联网就会怎么回馈于你；3.观网之道，执网之行；4.要么孤独寂寞，要么改变互联网。

这种段子，就是我们对自己的行业经验或创业心得进行总结和优化，然后以简洁的文字分享给更多人。

我们没有那么多感悟时，可以把自己的某一句心得与其他专家的心得汇总到一起，变成一个多位专家共同分享的观点段子。

例如，【专家谈互联网发展趋势】A 专家：O2O 将被广泛运用。B 专家：游戏化是未来互联网营销的重要特点。C 专家：高端创意和付费内容将更受欢迎。D 专家：互联网要发展，必须融合更多国学文化。

四名专家，四句心得，汇总为一条精彩的段子。这样的段子，由于融合了多人的深刻观点，所以会更受欢迎。

另外，多位专家一起推广，会使这种段子的传播范围更广。

当然，在创作这种类型的段子时，要征求其他专家的合作意见。

专家观点段子，由于富含价值，所以，很多人看后，愿意收藏和转发。

第068招 创作段子的一些实用技巧

段子有不同的类型，所以，不同类型的段子，有不同的创作技巧。你想创作哪一类型的段子，就要多学习相关的案例。

一般而言，我们创作段子时，可以参考下面这些细节：

1. 段子一定要真善美，这样才有意义。

2. 段子的内容，不可诋毁圣人或亵渎经典。有些年轻人，喜欢拿圣人或经典开玩笑，以为很有成就感，其实已经南辕北辙。

3. 读书时，多留意各种经典话语，并且做好笔记。

4. 多研究一些歌曲的歌词。

5. 有一些创作灵感时，要随手记录下来，哪怕只是一个关键词。

6. 让话语变得越来越简练。段子越简练，越容易传播。

7. 好的段子，会让人感觉意味深长。

8. 幽默感源自平常的锻炼。

9. 用360墙纸软件，搜索“正能量”或“语录”，你会发现一些制作得很漂亮的墙纸，上面有一些文字内容，你可以把这张墙纸设置为电脑桌面背景。经常更新不同文字内容的墙纸，可以培养更多的创作灵感。

10. 练习排比句。

11. 不同行业有不同的段子。要观察行业的特征，创作相应的段子。

12. 有时候，段子可以跟原创卡通形象或原创表情结合到一起，做成图片的形式。

13. 糅合某些时事热点的段子，会更受欢迎。

14. 为节假日提前创作好相关段子。

15. 针对一个段子，可以设计多个版本。

16. 大家可以关注我的公众号：郑俊雅（Junya9）或者乐播者（Lebozhe），回复“段子创作”，可以了解更多的创作技巧。

第069招 当段子以聊天截图的形式出现

对话类的段子，相对而言，是比较容易创作的。最近几年，对话类的段子经常以聊天截图的形式出现。经过观察，我们发现有如下几个特点：

1. 头像可能是某个品牌的LOGO。

2. 头像可能是大头照。

3. 人物角色一般都是两人。

4. 内容一般都是两问两答。

5. 内容风格一般都是笑话。

6. 结尾的答案让人意想不到、意犹未尽。

聊天，由于经常发生在日常生活中，所以，很容易出现一些经典或搞笑的问答，这些问答都是创作这类段子的素材。

大家在百度图片搜索“聊天段子”，就可以看到很多案例。

这种创作形式，有下面几种优势：

1. 内容相对比较随意。

2. 文字比较口语化。

3. 文字字数比较少。

4. 一问一答，思路清晰。

5. 对语法结构、标点符号等相关要求不高。

6. 创作机会很多，有时可以边聊天边创作。

聊天形式的段子，内容依然要真善美。这类段子的推广，大多借助微博或朋友圈。

一般而言，这类段子只要做到“有趣、有料、有同感”，就会比较受欢迎。

第 070 招

当段子以漫画的形式出现

我有一个朋友，网名叫嗨皮哥，每天坚持创作段子和画漫画。他把段子和漫画高效地结合到一起，漫画的旁边会写上一段话，这些话都是比较精练和深刻的。

他一年可以创作一千幅这样的漫画作品。

每完成一幅作品，他都会用手机拍下来，然后用美图秀秀对图片进行优化。

他每天坚持把优化好的图片分享到朋友圈和各个交流群，久而久之，他在很多圈子里都有了名气。

他参加各种线下聚会时很受欢迎，因为他的作品启发了很多人的思想，也点缀了一些人的生活。

有时候，他在群里看到某个人讲了一句经典话语，他就会马上执笔画出一幅漫画，并在画中配上这句话，而且标明这句话是谁说的。然后，他会把这幅画的图片，发送给讲这句话的人，皆大欢喜。

很多人看到自己的话语，变成了漫画作品里面的内容，会突然间觉得，普通的话语被升华为一种艺术作品，相当感动。于是，他们很乐意帮这个朋友把这些图片分享给更多的朋友。

或许，这就是共赢。

所以，创作时，不要只是低头看自己，也要时常抬头看看天空，或者看看别人，你将发现更多美好的东西。

第十五章 句子营销

第071招 用心写好每一句对业界有启发的话

当一个人在一个领域奋斗了一段时间，内心有一些积极的感悟时，这些感悟就可以记录下来。当这些感悟越来越丰富和深刻时，不要轻视，而要真诚、认真地记录下来。

这些感悟，往往是美好的。

小时候，我们没什么感悟，却天天写日记。工作之后，我们有很多感悟，却因每天很忙很累而忽略了把它们记录下来。

所以，从今天开始，认真聆听自己的心灵，把那些自然涌现且对业界有启发的感悟或观点记录下来。

坚持一段时间之后，你再回头阅读时，你会很感动，你或许会想：“没想到我能写出这样精彩的句子。”

这是因为人生的每个阶段都有它独特的缘分和际遇，只有在某个阶段，才能有某种感悟。

关于爱情，有一句经典的话语“错过一时，错过一世”。对于我们心中的某些深刻感悟，如果我们没有珍惜，过一段时间之后，我们就再也想不起来，也是同样的道理。

当我们对自己的工作、创业、行业和人生有所感悟时，我们要想一想：“这句话，如果分享给别人，对他们有启发吗？是正能量的，还是负能量的？”

这种对心声的自我审视，非常重要。只有这样，我们才能筛选出那些对别人真正有意义的话语。

人生在世，不出恶语，就是一种修行。人生在世，只吐善言，更是一种修行。

尤其是在人生不如意时，事业不顺利时，你依然能用美丽心灵去说好每一句话，实属不易。

有一些年轻人，只注重眼前利益，而忽略内心的修为，实在有点本末倒置。

如果一个人，专注一个领域，积极进取，那么，财富收获是自然而然的事情。一个人如若能够内心淡定，孜孜以求，内心自然常生欢喜。当他带着这种欢喜心，去总结和分享每一句对别人有意义的感悟时，互联网会帮他留下一个个成长的脚印，而且会带给他越来越多的惊喜。

第072招 记录经典句子或灵感的重要 APP

某些灵感或感悟，如果我们及时记录下来，之后又用心优化，它们就能变成有价值的东西。有哪些 APP 可以使用呢？大家可以参考下面的建议：

1. 锤子手机的闪念胶囊。

2. 锤子便笺。

3. 华为手机自带的备忘录。

4. 苹果手机自带的提醒事项或备忘录。

5. 奇妙清单。

6. 印象笔记。

7. 麦库记事。

这些都是比较多的人使用的 APP，各有各的优势。我们可以根据自己的习惯或喜好，选择合适的 APP。

当我们使用这些APP记录了一些内容之后，要及时地上传到云端，或者保存到更多的地方，以免丢失。

我们要找时间复习一下我们之前记录的内容，此时，或许能看出哪些内容需要完善。

大部分的APP都支持语音输入法，在我们繁忙的时候，可以考虑使用语音输入法。

坚持记录是最重要的习惯。一切APP都需要坚持，才能发挥最大的作用。

第 073 招

句子快速被搜索引擎收录的秘诀

句子要被搜索引擎收录，最好的方法就是分享到专业的句子网站。你可以参考以下建议：

1. 在百度上搜索句子网、语录网。找到那些可以注册账号且可以发布句子的网站。

2. 句子迷，这个网站在各大搜索引擎的排名都很有优势。

3. 不同风格的句子，可以发布到不同风格的网站。

4. 可以专注使用一个网站，也可以同时使用多个网站。

5. 如果你有自己的博客或论坛，也可以分享到这些平台。

6. SEO 论坛有非常好的排名效果。

7. 天涯论坛和 163 论坛也有非常好的排名效果。

有些人，不但要创作内容，还要优化自己的网站，这样就会有点累。

有些人，只专注于创作内容，然后把内容分享到那些已经优化得非常好的平台上，效果更好。

大平台，每天都有很多人才优化网站，而且每天有很多新内容，因此，大平台的排名优势会越来越好。

好的内容，总是会受各大平台欢迎的。好的内容，要有好的标题。因为网民用于浏览每一段信息的时间，其实很短，他们会快速地扫过。所以，如果你的句子有一个好的标题，那么，将会有更多人阅读。

创作句子时，要保持风格统一，不能一句正能量一句负能量。要坚定地朝着真善美的方向去创作。

第074招 句集比句子更受欢迎

在某些专业的句子平台上，句子是指一句话或者一段话；句集是指多个风格类似的句子汇总到一起。

当读者阅读了你的一段句子，那么，他可能只有一个初步的印象；当读者阅读了你的一个句集，那么，他就会有一个深刻的印象。

当读者偶然看到你的句子，如果他觉得很经典，那么，他可能就会继续搜索和了解你的句集。

对于平台而言，你的句子，可能会为它带来一点流量，但是，你的一个句集，可能就能为它带来很多的流量。

所以，无论是读者还是平台，他们都更加喜欢句集。

因为读者喜欢句集，所以很多平台更喜欢推荐句集。由于句集的内容丰富，流量稳定，所以，搜索引擎也更喜欢收录和推荐句集。

当你在句子平台创建句集时，你可以参考下面这两个方法：

1. 句集的标题要清晰明确，最好含有你想推广的核心关键词，例如，创业语录、创业句集、创业句子、创业感悟、创业心得、创业经验或创业总结等。这些关键词的前面，可以加上创作者的名字。

2. 句集的详情介绍要认真填写，把你认为重要的关键词填上。

坚持创作，坚持优化，坚持把精彩内容分享到专业的句子平台，你就会发现，你的内容会越来越受欢迎。

第075招 当句子变成产品包装内容的一部分

句子和段子，其实，都是文段。从营销的角度而言，它们也有一些不同点。

句子比较随意，段子比较严整。句子可能源自某一个感悟，段子则需要创作和优化。句子有时带有感情色彩，段子有时带有剧情内容。句子的字数比较少，段子的字数比较多。

有一些人，平时擅长创作各种句子，直到某一天，他们推出产品时，发现原来这些句子可以变成产品包装内容上的一部分。因而，他们有了很多惊喜的发现。

走心的句子，已经越来越广泛地被应用于多种产品的包装上。网络上已经有很多电商企业，开始使用这个模式并取得了很大的成效。

例如，一款饮料，同样的瓶子，同样的分量，同样的味道，原本只有一种外观。但是，瓶子的包装纸印上了不同的句子，则出现了不同的包装效果。

这种色彩丰富、内容不同、风格相似的包装模式，让产品在陈列或拍摄时，有了很大的优势。通过不同的摆放或搭配，产品可以呈现震撼的视觉效果，而这种效果，由于有不同颜色和不同句子的搭配，因而，显得更加美观和亲切。

顾客在购买产品时，原本只有买或不买的决定，而现在则多了选择这个还是选择那个的决定。这种选择的多样性，让顾客原本普通的购买行为变得更有参与感。

有些人，原本不想购买某样产品，却因为看到产品包装上的某句话，而选择了购买。也许因为某个句子触动了他的心灵。

有些人，原本只想买一件产品，却因为看到这款产品的包装有不同的色彩和句子，而选择了购买整个系列。或许，很多句子都让人感同身受。

有一个电商企业，产品详情页的标题写着："保证语录齐全。"因为，很多顾客准备购买多件产品时，自然想选择不同包装内容的产品。这样，每一句话，都值得细细感悟。

走心句子的创作，在未来将越来越受重视。因为，这些句子会带给顾客更加丰富和独特的参与感。

第十六章 笑话营销

第076招 一段经典笑话是如何远走高飞的

学习笑话创作，有如下三种最重要的方法：

1. 找一个笑话网站。

2. 下载一个笑话 APP。

3. 买一本笑话书籍。

这三种方法，虽然简单，但非常有效。这三种方法，我都认真研究过。至今，我看过五千多段笑话。

高中的时候，我写过很多笑话段子，投稿给我们学校的校刊。那个时代的笑话，都是在小范围里传播。互联网时代，笑话的传播变得越来越快、越来越广。

笑话具备以下传播优势：

1. 笑话没有明显的广告性质。

2. 笑话的作用是博君一笑。很多人愿意花几十秒认真看完一段笑话，因为他们开心。

3. 很多人认为大多数笑话都是善意的。

4. 笑话越巧妙，越多人传播。

5. 很多人愿意将笑话分享到朋友圈或微博。

6. 笑话的字数比较少，便于分享到社交平台。

7. 企业可以将品牌名字巧妙地植入到原创笑话中。

8. 笑话更有参与感。

因为上面这些优势，笑话在互联网上很容易被传播。这种传播有下面几个特点：

1. 跨区域。

2. 跨人群。

3. 跨交流群。

4. 跨时间。

5. 跨场景。

6. 跨网站。

7. 跨媒介。

8. 跨 APP。

笑话，带着善意和幽默，从互联网的某个角落传到各个角落。笑话如果植入了品牌信息，那么，这个品牌的名字，也能一起赢得广泛传播。

第 077 招 设计出自己品牌的经典笑话

为了更详细地与大家分享笑话段子的创作心得，我在千聊直播录制了一节课，可以免费送给大家。这节课详细介绍了各种笑话段子的案例和创作方法。

大家可以关注我的公众号：郑俊雅（Junya9）或者乐播者（Lebozhe），回复“笑话创作”，即可免费学习。

要设计出自己品牌的经典笑话，大家可以参考下面这些建议：

1. 平时多留意各种笑话，看到各种笑话时，认真思考这段笑话的风格是否值得自己参考。

2. 把一些经典笑话记录在自己的笔记簿上。

3. 在脑海里尝试笑话角色替换法。例如，当你看到某段笑话时，在心中尝试把笑话中的某个名字替换成自己的名字，然后重新默读一遍。如果你依然哈哈大笑，那么，这段笑话就值得你认真研究。

4. 不要抄袭别人的笑话，上面的方法只是培养自己的笑话创作思维。

5. 要敢于分享自己创作的笑话，别人可能会给你更多反馈。

6. 如果你的原创笑话，被人修改后发布到他的朋友圈，那么就证明，你的这个笑话是有传播力度的。

7. 并不是每个人都会修改你的笑话，很多人都会直接复制和分享。

8. 经典的笑话里面植入的品牌名字，往往都不带明显的广告性质。或者说，一个好听、自然、亲切的品牌名字，更容易融入到一个笑话之中。

9. 笑话的风格有很多种，找到你最擅长的那种风格。

10. 笑话创作出来之后，自己要反复看。如果自己看的时候都不觉得好笑，那么，就不用推出了。

11. 把你的笑话分享给不同年龄层的亲戚朋友，看看他们的反应，听听他们的建议。

12. 笑话的文字表达是可以优化的，需要的时候，可以请文笔更好的人帮你优化。

13. 为原创笑话找到合适的配图。

14. 你创作的笑话，可以发给我看看。在移动互联网时代，读者与作者的距离不再遥远。欢迎大家主动跟我交流。

15. 可以加入一些笑话类的交流群，你将获得更多经验。

16. 只有坚持创作笑话段子，才能够在众多笑话中找到最经典的那一段。

第078招 笑话的搜索推广和社会化传播秘诀

笑话的推广，主要有两大方法，一是针对搜索引擎的推广，二是针对社交平台的推广。

笑话一般都以文字的形式出现，文字比较受搜索引擎欢迎。笑话针对搜索引擎的推广，可以参考以下思路或方法：

1. 分享到笑话类、幽默类、搞笑类或段子类的帖吧。

2. 分享到帖吧时，可以用发帖的形式，也可以用回帖的形式。

3. 如果用回帖的形式，则可考虑回复到某些阅读量比较大的帖子下面。

4. 发布到自己的各大博客中。

5. 发布到自己常用的论坛平台上。

6. 发布到自己的自媒体平台上。

7. 发布到专业的笑话网站。

8. 以文档格式发布到文档网，如百度文库、道客巴巴、豆丁网。

9. 文章的标题或者笑话的标题，嵌入笑话类的热搜词。

10. 如果内部团队没有时间推广，可以在三打哈平台安排威客推广。

笑话在社交平台上的传播是自发的、无边界的。笑话在社交平台的推广，可以参考以下思路或方法：

1. 加入各种笑话类、幽默类、搞笑类、段子类的交流群，与群友分享。

2. 可以把笑话投稿给相关的公众号或自媒体。

3. 把笑话做成静态的搞笑图片。

4. 把笑话做成 GIF 搞笑图片。

5. 把笑话发布到公众号。

6. 把笑话做成小视频。

7. 把笑话做成动画视频。

8. 在自媒体平台评论相关性的文章，评论内容含有某个笑话。

9. 发布到各类笑话 APP 中。

第十七章 竖屏营销

第079招 把广告图片从横屏变成竖屏

移动互联网时代的到来，让用户的很多习惯都随之而变。以前用户喜欢在电脑上看横屏图片，现在用户则喜欢在手机上看竖屏图片，因为竖屏图片在手机上看起来更加舒服。

很多设计师习惯了横屏设计，因为他们设计图片时，大多是在电脑上进行的。

在 PC 端，横屏图片依然有广泛的应用。但是，在移动端，竖屏图片更受欢迎。

设计师如果带着 PC 端的思维来设计移动端的图片，就可能会忽视移动端用户在手机上观看图片的习惯。

横屏图片虽然在手机上可以自动旋转角度，但有些平台对此做了限制，而且有时候用户并不习惯把手机横着放。所以，横屏图片上的内容和信息，会因为阅读的不便利性而无法更好地传递给用户。如果某些展示机会是付费的，那么，损失将更加明显。

所以，设计师在设计图片时，要考虑图片的用途，选择不同的尺寸。

有时候，为了更好地宣传，设计师可能需要针对同一内容同时设计出横屏和竖屏的图片。这样，推广团队则可以根据各种情况而自由选择不同比例的图片。

第080招 竖屏图片设计的十六个技巧

设计竖屏图片时，可以参考下面这些技巧：

1. 可以使用创客贴平台设计竖屏图片。这个平台上面有各种不同尺寸的图片模板供参考，也可以输入竖屏的像素比例创建一张竖屏画布。

2. 竖屏 PPT 的应用也越来越广泛。设计竖屏 PPT 时，可以在电脑上使用 WPS 软件，选择竖屏比例，再创建全新的 PPT。也可以在手机上安装 WPS 的 APP，在首页可以看到竖屏模板，也可以直接创建竖屏 PPT。

3. 不要在一页竖屏图片中放入太多信息，因为手机用户观看图片的速度很快。

4. 字号要尽量大一些。

5. 字体要尽量选择可以商用的免费字体。如果选择各种新颖的网络字体，则要了解清楚该字体是否可以商用。

6. 一张竖屏图片不一定要宣传产品的整体照，有时候，突出某些细节和卖点，更能影响顾客。

7. 可以设计一些常用的模板。

8. 可以了解天天向商 APP，其中有很多竖屏图片模板。

9. 网络图片素材，要尽量选用一些可以商用的。这一方面，可以了解一些专业的商用图片网站。

10. 竖屏视频也越来越受欢迎，可以学习一些竖屏视频的拍摄技巧。这一方面，可以了解一下逗拍这个 APP。

11. 淘宝上有很多工作室专门帮人设计竖屏图片。

12. 背景尽量少用黑色，因为很多微商经常用黑色背景设计图片。这些图片经常刷屏。

13. 在百度图片搜索“竖屏广告”，可以学习更多技巧。

14. 有时候，文字越少，看的人越多。

15. 文字的颜色，尽量不要超过三种。

16. 有时候，一页图片足以表达一个主题。

第081招 用竖屏的窗口看待和设计移动端广告图片

为了更好地设计出竖屏图片，设计师可以参考以下思路：

1. 经常使用竖屏画布。

2. 经常关注和学习各种竖屏广告图片。

3. 用纸皮根据手机屏幕的比例剪一个方框，透过这个方框观察一切广告内容。

4. 可以剪更多不同尺寸的方框。

5. 市场上已经有竖屏的电脑显示器。

6. 淘宝上搜索“竖屏显示器”，可以找到配套的工具。

7. 想象自己是顾客，正拿着手机观看自己设计的图片。

8. 用手机拍照时，多尝试竖着拍照。

9. 认真观看自己拍的各种竖屏图片。

第三部分
丰 富

对互联网的好奇心，会引导你不断地尝试一些全新的创作内容、塑造价值和创新模式。当别人还在犹豫不决时，你已经在挑战自己。正因为大家都觉得难，所以，才充满机会。当你置心一处，投入全部热情突破某个节点时，很快，你将感受到互联网的海阔天空。

第十八章 课程营销

第082招 每个行业都需要专家，课程容易塑造专家形象

一个人既然选择了一个真善美的行业，最起码的目标就是要成为这个领域的专家。因为只有这样，你才能以更合适的身份和更快的速度帮助这个行业里更多的顾客。

一个人帮助的顾客越多，他的收获就会越多，无论是有形的还是无形的。

当别人专注于赚钱时，你要专注于成为这个领域专家。

如果一个人只是专注于赚钱，那么，他就有可能慢慢地偏离初心和正确的方向。为了赚钱而去做并非真善美的事情，往往得不偿失。冥冥

之中，一切自有公道。

当一个人专注于成为专家，一开始，他可能发展得很慢，但他的眼界会逐步打开，知识和经验会逐步沉淀，各种难题会迎刃而解，他的世界也会越来越宽。一切曾经吃过的苦和付出的努力，都将令人生的星空变得更加灿烂。

如果一个人想把多年的行业经验分享给更多受众，那么，课程是最好的载体。

课程有多种形式，如现场课程、交流群语音课程、直播课程、视频课程、PPT 课程和电子书课程等。

可以根据自己的爱好和优势来选择课程的形式。

互联网上，每一种课程形式，都有很多成功的案例。

透过课程，受众会更加清晰地了解你的思想、经验和方法。好的课程，是专家和受众推心置腹的交流。好的课程，会被自动地分享出去。

衡量一个人是不是权威专家，有一个核心标准：这个人的经验或作品是否启发或帮助了很多人？

如果一个专家的经验或作品不曾令他人受益，那么，他的内心，往往是孤独的。

所以，趁年轻，把你的行业经验变成课程，通过互联网，去启发和帮助更多的人，你的人生，将迎来更多的发展可能。

第083招 找到最合适的线上教学平台，事半功倍

国内的线上教学平台有很多，目前，比较出名的平台有百度传课、网易云课堂、腾讯课堂、千聊LIVE和喜马拉雅电台等。

这些线上教学平台，各有优势。

百度传课上的课程，在百度上的排名效果非常好。网易云课堂，是经营得比较早的线上教学平台，有比较大的用户群。腾讯课堂，与QQ完美对接。千聊LIVE，专注直播课程，在微信平台上很受欢迎。喜马拉雅电台，是比较权威的网络电台，语音课程技术及服务都比较成熟。

这些平台，每一个都值得深入研究和学习。

你可以根据自己的兴趣或优势，选择合适的平台。

当你选择了一个合适的平台之后，可以参考下面的建议：

1. 在这个平台上，寻找十个榜样，可能是十个优秀的机构或者十套优秀的课程。然后，认真研究各自的优点。

2. 各种页面、各种功能都要仔细研究。

3. 平台提供的各种教程，要认真学习，这些都是最直接的经验。

4. 某些平台绑定公众号之后，会获得更多功能。

5. 尝试推出第一节课程，然后观察流量的变化。

6. 根据课程的流量变化情况调整相关页面的介绍。

7. 讲师介绍和课程介绍，要认真优化好，可以考虑使用创客贴设计专业的介绍图片。

8. 跟其他讲师合作。

9. 这些平台，会主动为某些优秀的课程带来流量。

10. 几个不同的平台搭配到一起，可以帮助更多学习者。

11. 账号认证之后将获得更多权限。

12. 加入合适的讲师圈子，可以整合到更多资源或合作机会，也可以学到更多运营经验。

13. 讲师之间，人人平等，不要觉得自己高高在上，也不要觉得自己一无是处。

14. 一开始，让自己的课程价格尽量优惠或者免费。

15. 每一位咨询者的问题，都要认真解答，无论他们是付费用户还是免费用户。

16. 参考 WPS 的在线模板中心，设计出专业的课程 PPT。

第084招 快速推出自己的行业课程，形成系列

假如你选择的行业，是一个真善美的行业，那么，你积累的各种经验和心得，就值得与更多人分享。把这些经验和心得做成课程，是一个不错的选择。

这里说的行业课程，就是指结合自己的行业特点和优势，总结自己的经验和心得，用心做出的精品课程。

当你准备在千聊 LIVE 或喜马拉雅电台推出语音课程时，可以参考下面这些经验：

1. 你每天都要练习呼吸和语言表达技巧。

2. 泡脚、艾灸、跑步，能够迅速提升身体的阳气。有了充足的阳气，你的声音将更加洪亮。

3. 如果你用手机讲课，录音有噪声时，你可以考虑购买一个专业的手机麦克风，市场价 300 元左右。这种麦克风，一般都带有自动降噪功能。

4. 相对而言，苹果手机的录音功能更好一些。

当你准备在百度传课、网易云课堂和腾讯课堂等平台推出视频课程时，可以参考下面这些经验：

1. 课程尽量要结合 PPT。

2. PPT 的制作，可以参考 WPS 的 PPT 模板。

3. 尽量做出专业的 PPT。

4. PPT 的配图，要尽量清晰。

5. 视频的录制，可以考虑使用 Camtasia Studio 这个软件。

6. 视频导出时，可以选择 WMV 或 MP4 格式，比较清晰。

7. 要保存好视频录制的源文件，方便需要时修改。

8. 视频导出时，填好中文标题。很多平台导入视频时，会自动读取视频标题，并且自动填写在标题栏目。

当你逐步推出系列课程时，你会发现它的优势如下：

1. 系列课程比单节课程更受用户和平台欢迎。

2. 系列课程在搜索引擎的排名，比单节课程更加优先。

3. 系列课程的转化率，比单节课程更高。

4. 透过系列课程，学习者能够更加全面和清晰地了解、学习你的经验。

5. 系列课程，更容易培养信任感。

6. 系列课程是一种挑战。当你从第一节课讲到最后一节课的过程中，你也会学到很多东西。

7. 优秀的系列课程，能够为你带来很多惊喜，如更多的学习者和合作机会。

第085招 巧借平台，找到合作圈子，走得更快

每个在线教学平台，都有很多圈子，这些圈子包括平台自己创建的圈子，讲师们自己创建的圈子，学员互动的圈子等。这些圈子，大多以微信群、QQ 群、帖吧等形式创建。

换句话说，加入了合适的交流群，也就加入了合适的圈子。

每个圈子，都有创建者。创建者，一般都是这个圈子里面最有影响力的人。

有些年轻人，加入了某些合作圈子或交流圈子，一开始就不断吹嘘自己很优秀，而无视圈子创建者的存在，这样有失礼貌。

进入一个圈子，最好的态度，就是在尊重创建者的前提下，尽量为大家带来更多的资源和机会。

有些人可能会说：“我是来整合资源的，我是来寻找合作机会的，怎么可能要我自己先分享有价值的东西给大家呢？”

互联网奇妙的地方就在这里。那些乐于分享价值的人，他们未曾索

取，却获得很多。那些终日苦苦索取的人，却因吝啬而一无所得。

所以，当你把有价值的东西分享给圈子里的成员时，大家会对你刮目相看，会更加欢迎你。而真正的合作机会，往往都建立在这种认同感之上。

有时候，圈子里的某些人，看到你很真诚或优秀，他们会主动为你介绍一些在线教学平台的负责人。这些负责人可能会给你一些宝贵的建议或机会。

有时候，某些在线教学平台可能会主动邀请几位讲师一起推出某个主题的课程，每个讲师各自负责一节课。那么，这样的系列课程，平台一般都会用心推广。面对这样的机会，你可以认真争取。

互联网之路，是漫长的，充满机会的，抓住机会的关键在于，我们要时时真诚，时时用心。

第086招 通过行业课程吸引大量精准客户

有一些人，使用百度传课分享课程，课程的标题用的都是行业热搜词，刚好百度传课上的课程在百度上的排名比较有优势，因而，精准的课程吸引了精准的客户。

有一些人，使用腾讯课堂分享课程，由于课程可以绑定 QQ 群，所以很多学习者观看课程之后会主动加入 QQ 群交流。

有一些人，使用千聊 LIVE 分享课程，由于课程可以生成分享卡，所以很多学习者觉得课程不错便主动把分享卡发布到朋友圈，因而迎来更多的学习者。

不同的平台，有不同的优势。每一种优势发挥到极致，都能给你带来意想不到的效果。

各大平台都在努力为讲师们的课程提供多种宣传便利和机会。线上教学平台最需要的是优秀的课程。因为，有了优秀的课程，平台就能留住和吸引更多用户。

所以，企业要研究的是如何把宝贵的行业经验变成优秀的课程，然后再把这些课程分享到合适的平台上。借助这些平台，你和你的企业，才可以走得更远。

第十九章 表情营销

第087招 表情营销，润物细无声

各种聊天工具的火热，让聊天表情越来越受欢迎。人们在交流时，为了更加直观地、幽默地表达自己的意思或节省打字的时间，会经常使用表情。

表情，有聊天工具官方提供的，也有网民原创的。

有一些表情，设计简单，却因内容幽默而火遍大江南北。

人们在网络上聊天，最怕广告，却很喜欢表情。因为人们普遍认为：表情大多是没有广告性质的，表情是善意的、友好的、亲切的和自然的。

正因如此，表情从这个群被传到另一个群，从这个城市被传到另一个城市，从这类人被传给另一类人。表情，在聊天工具和社交平台上，几乎无所不在。

在网络的各种交流群中，有很多人因为发广告而被群主踢出去，却很少有人因为发表情而被踢出去。

所以，表情是移动互联网时代最优秀的传播载体。

举个例子：某茶叶公司，如果安排员工每天到各种交流群中发茶叶广告，肯定不受欢迎。但是，如果这些员工每天多发一些“天气热，多喝茶”或“天气冷，喝杯热茶”这样的表情，则会很受欢迎。

表情没有明显的广告暗示。但是，如果这家企业推广的表情卡通形象，就是他们公司茶叶商标上的卡通形象，那么，随着这些表情被广泛地传播，这个茶叶商标也会被越来越多的人认识。网民某天在购物平台看到这个卡通形象的茶叶商标时，就会倍感熟悉和亲切。

所以，表情营销不是短期投资，而是长期投资。表情营销的背后，不是促销战略，而是品牌战略。

第 088 招 快速设计出第一个卡通形象

要制作原创的表情，首先就要有原创的卡通形象。这样，设计师才知道如何帮你制作各种表情。

原创卡通形象的设计，首先要有一份草稿，或者一些原始的设计思路。例如，这个卡通形象是一个什么样的角色？是动物还是人物？是男的还是女的？是大人还是小孩？是胖胖的还是瘦瘦的？是聪明的还是笨笨的？是严肃的还是萌萌的？

当你在网上请表情工作室帮你设计时，他们会问你这些问题，或者让你提供一个参考的草稿。

一般来说，设计一个卡通形象需要一个星期的时间。设计师开始设计之后，两三天内，他会发一些线稿给你看，问你有什么需要调整的。这个时候，你要大胆地提出你的修改建议。你不要觉得“从这个样子变成那个样子”很难，这些对于专业的设计师而言，很简单。

线稿设计环节，你确认效果之后，设计师就要给卡通形象上色了。上色之后，你也可以提出修改建议，但要尽量合情合理，要尊重设计师的专业眼光。

很多设计师，每天的工作都很累，他们每天要画大量的卡通形象。所以，对待设计师，要尽量礼貌一些。在条件允许的情况下，发一个微信红包给对方，无论他有没有收下，无论红包大与小，他都能感受到你的尊重和诚意。

当你的卡通形象完整出来，设计公司为你签订版权转让协议之后，你不要急着推广和分享，要先申请版权保护并注册商标。

第089招 用卡通形象设计出系列表情

拿到版权证书之后，你的卡通形象就可以交给其他工作室设计表情了。互联网上，设计行业的分工非常细。单纯表情制作，都有非常详细的分工。

有一些专业的表情设计工作室，有人负责设计头部表情，有人负责设计半身表情，有人负责设计全身表情。

不同类型的表情，报价也是不一样的。以下是目前设计一个表情的市场均价：头部表情是 30 元，半身表情是 50 元，全身表情是 80 元，以上价格只针对静态表情；动态表情的价格，就更高了，平均每个 200 元。

所以，从卡通形象到系列表情，涉及以下三个环节：

1. 构思系列表情的相关文字、动作或内容。

2. 投入设计费用。

3. 跟设计师不断沟通和协调。

系列表情的内容，主要有下面几种分类：

1. 销售类：很便宜、很实惠、质量不错、很好用、好想买一个……

2. 行业类：请你喝茶、喝点茶、好茶真香、我在喝茶、谁陪我喝茶……

3. 问候类：你好、早上好、晚上好、最近好吗……

4. 群聊类：群主好、有人吗、楼上帅哥、楼上美女、发红包、感谢红包……

5. 赞美类：好可爱、好漂亮、真美、厉害、佩服……

6. 幽默类：不要因为我可爱就欺负我……

7. 公司类：领导好、经理好、老板好、公司有你真好、我爱公司……

8. 祝福类：节日快乐、祝你幸福、好人好梦、财源滚滚、大吉大利……

9. 提问类：怎么啦、怎么办、为什么、什么事、什么情况……

10. 抱怨类：真气人、我发火了、胡说、你别说了……

系列表情很容易被收藏和转发，因为这些内容刚好是人们日常交流中经常用到的。企业用自己的卡通形象做成的系列表情，会留给网友或顾客更加深刻的印象，因为这些表情会逐步融入到他们的日常交流中。

第090招 创造出有地方特色的系列表情

有些人可能会说：“网络上的各种表情很多，表情的推广也是竞争激烈啊。”

我认为，没有创意的表情，竞争是激烈的；有创意的表情，依然面对着一片蓝海。

例如，方言类的表情就很受欢迎，而且几乎没什么竞争。

我的家乡是广东省汕尾市。前段时间，我的团队用原创卡通形象设计了一系列汕尾话专属表情。这些表情的构成，大概就是卡通形象+动作+文字。

表情的文字，都用汕尾的地方方言，举例如下：

1. 北唔北（知道吗）。

2. 唔知头（不好意思）。

3. 生好（很漂亮）。

4. 老热（好热闹）。

5. 擂咸茶咯（潮汕人喜欢擂茶，里面会放一点盐）。

6. 正法（再聊）。

7. 刷刷掂做泥（干嘛静悄悄）。

这套表情制作好之后，我们投稿给汕尾地区一些很有影响力的公众号，这些公众号的负责人觉得这些表情很有创意，所以都愿意免费帮忙推广。

另外，一些朋友也主动帮我们将这些表情分享到汕尾地区的很多交流群中。

很快，这套汕尾话专属表情，在汕尾人的很多圈子中流行起来。

模仿这个思路，你也可以设计出很多方言类的专属表情。

第091招

表情推广的一些实用秘诀

表情的推广，最重要的方法，就是直接把表情上传到某些社交平台的表情开放平台中。这些平台，会对用户上传的表情进行审核，审核通过之后，这些表情就有可能出现在这些社交平台聊天工具的表情商城中。

不过，这些平台对表情的要求很高，所以，不一定适合每个人。

为了便于起步，表情的推广，可以参考下面这些思路或方法：

1. 跟顾客交流时，合适的情况下可以发原创表情。

2. 表情要分享给合适的人。

3. 这套表情要起一个名字，方便网友搜索。

4. 分享到相关的帖吧。

5. 分享到相关的交流群。

6. 分享到各大微博和博客平台。

7. 分享到各大论坛平台。

8. 分享到各大GIF图片平台。

9. 分享到自己的公众号或自媒体账号。

10. 投稿给相关的公众号或自媒体账号。

11. 分享到合适的直播平台。

12. 前期的助推很重要，后期会自动被分享到更多地方。

第二十章 动画营销

第092招 找到专业的动画制作平台或工作室

听到动画制作，很多人觉得这是“不知何年何月才能做的事”。我们从小在电视或电影里看过各种各样的动画，我们内心清楚：“这些作品，都是专业团队付出极大的努力和成本才制作出来的。”

大家的这种普遍认知和思维定势，反而成就了某些嗅到动画商机的先行者。

互联网的意义在于：一切真善美的事情皆有可能。

互联网经过这么多年的发展，很多行业的产业链已经变得越来越完整，动画制作这个行业亦然。

最近两年，网络上涌现出一些动画制作平台。这些平台，有的免费，有的收费。

用户在这些平台上注册账号之后，就可以借助这些平台强大的云计算能力或在线设计功能，轻松地制作出自己想要的动画作品。

这些平台，自带各种卡通形象、场景图片、道具图片、动作路径和镜头选择。

用户通过选择、点击、拖动、输入和保存等动作，就可以快速设计出自己的动画作品。

有一些人，直接找专业的工作室来制作动画，一分钟的动画收费大概2000元。这种方法成本较高，但却不用自己制作，只需把任务要求交给工作室即可。但是，工作室制作出来的动画，你可能需要他们不断地调整。因为你觉得某些细节跟你想象的完全不同。

所以，使用平台或请工作室，这两种方式各有优势，关键看你的条件和需求。

一般而言，动画在制作之前，企业是需要办理相关证件的。动画在准备发布时，也需要提交给相关部门审核。这一方面，大家可以咨询相关负责单位。

第093招

卡通形象的解构和动作选择

动画制作平台上提供的各种卡通形象和场景图片，有的是官方平台设计的，有的是其他用户上传的。所以，在使用这些卡通形象和场景图片之前，要先了解清楚，哪些是可以授权给你使用的，哪些是可以用于商业用途的。

当你觉得平台上的各种卡通形象无法达到自己的要求时，可以考虑设计一个原创的卡通形象。那么，这一部分工作可以外包给某些设计工作室。

在威客平台和电商平台上，都可以找到这种专门帮企业设计卡通形象的工作室。设计一个卡通形象，市场上的报价，平均1200元左右。

当你的卡通形象设计好之后，设计公司会跟你签订一份《版权转让协议》，然后，你就拥有了这个卡通形象的版权。接下来，你可以用这个卡通形象向相关部门申请版权证书。

一开始，你的卡通形象是平面的、静态的。那么，卡通形象如何变成动态的呢？对于某些动画制作平台而言，卡通形象从静态变成动态，需要一个环节，叫做解构或者拆分。这个工作需要专业人士来完成，收费大概1000元。

这个工作完成之后，这些专业人士会帮你把卡通形象的各种素材上传到动画制作平台，然后，你就可以使用平台自带的功能，让你的卡通形象动起来。

动画制作平台，一般都自带动作库。动作库中有详细的分类，包括走动、说话、情绪等。每一种分类中又有几十或者几百种细分动作。通过这些动作的选择和搭配，卡通形象就变得活生生了。

第094招 动画场景图片的设计或拍摄

动画制作平台上的场景图片，有的免费，有的付费；有的可以商用，有的不可以商用。因此，企业可能就会定制一些专用的场景图片。

场景图片，有简单的，也有复杂的；有黑白的，也有彩色的；有 2D 的，也有 3D 的。所以，价格不同。一般而言，设计一张彩色的场景图片，费用大概是 800 元。

这种定制的场景图片的内容，都是根据你的要求来创作的，包括里面的颜色、物品、风景和文字，都是可以定制的。

有些人觉得请人设计场景图片太贵，也可以考虑在一些图片网站购买动画场景图片。那么，在购买之前，要了解清楚这些图片是否可以用于视频制作。

最后，你会发现，有一些可以，有一些不可以。而那些可以的图片，价格在 500 元左右。

所以，你可能会想："那还不如定制。"

这就是互联网有意思的地方，“众里寻他千百度，蓦然回首，那人却在，灯火阑珊处”。

有一些动画制作平台，可以上传用户自己拍摄的风景图片作为场景图片，不过图片要非常高清。

相对而言，自己拍摄风景图片，这个成本是比较低的。所以，这种方式也是比较受欢迎的。

真实的风景图片与虚拟的卡通形象相结合，这或许是未来动画营销的一个重要方向。这里面可能有费用的原因，也可能有视觉效果更好的原因。

第095招 动画内容的构思和设计

最近几年，由于各种微社交和自媒体平台的兴起，各种网络动画作品也如雨后春笋。很多网络动画，都通过分享原创剧情或内容吸引了很多“粉丝”。

有一个网络动画节目，通过分享一些冷段子吸引了上百万的“粉丝”，其动画内容大多是男女话题，虽幽默却并非真善美。

这个动画节目的设计团队或许为吸引到的“粉丝”数量而沾沾自喜，却不知自己的行为与互联网的大义背道而驰。

互联网的大义是分享真善美，引导和帮助更多人朝着正确的方向前进。

企业只有明白这个道理，才能设计出普惠大众的精彩动画作品。

所以，这里我们探讨的动画内容的构思和设计，也是基于这个前提。

另外一部网络动画作品，名字叫做《某某小和尚》，内容则设计得很好（备注：这里的“某某”是代词，并非真实名字）。

这部动画大概从2017年年初开始推出，是一部动画系列作品。

这部动画有很多细节值得我们学习，分析如下：

1. 唯美的场景。

2. 简单的人物关系。

3. 丰富的色彩。

4. 主体内容的3D动画和片尾黑白动画相结合。

5. 每一集都阐述一个深刻而易懂的生活哲理。

6. 剧情和内容同时适合大人和小孩。

7. 哲理感和幽默感贯穿全剧。

8. 每一集的片尾都会出现一句总结或祝福。

9. 每一集都是两分钟左右，适合网络传播。

10. 每一集，师傅都回答徒弟一个核心问题。

11. 人物风格以萌为主。

12. 每一集探讨的话题，都是人们平时最关注或者最熟悉的话题。

13. 徒弟的问题，经常让人似曾相识或倍觉亲切。

14. 师傅的回答，经常让人意想不到或拍案叫绝。

15. 美景+美言。美景让人眼前一亮，美言让人耳目一新。

16. 每一集，都用最简练的话语来表达主题思想，没有废话。

第096招 动画系列节目的意义和设计

当观众们看过一集动画，觉得好看时，他们就会继续寻找下一集或者上一集动画。

如果说一集动画能够赢得观众，那么，多集动画就能够赢得“粉丝”。

动画作品以系列形式出现，就更容易在观众心中留下深刻印象。系列作品，让观众有了追剧的可能。系列作品，可以让观众逐步深入地理解作品的精神和内容。

如果说一集动画的播放，是在观众的心中播下一颗种子，那么，后面的续集就是对这颗种子的不断栽培和呵护。

人们经常会忘记自己看过某一集动画，但往往都会记得自己看过哪一个动画系列节目。

所以，在条件允许的情况下，把动画做成系列的形式，更能够创造传播奇迹。

企业在设计动画系列节目时，可以考虑下面这些思路或方法：

1. 从移动互联网传播的角度而言，一集动画讲述十个观点，不如十集动画各自讲述一个观点。

2. 第一集动画一定要有与众不同的东西，这样，观众才会继续追下去。

3. 第一集动画奠定了观众对这个系列动画水平的认识基础。

4. 很多网络动画的片尾处都会引导观众关注公众号，输入某个关键词参与更多的互动。

5. 每一集动画，时长保持在2～5分钟，会更受欢迎。

6. 视频网站，会给予系列动画更多权限和流量。

7. 动画系列节目比单集动画更受搜索引擎欢迎。

8. 标题引人入胜，动画将更受欢迎。

9. 每集视频的主题环环相扣。

10. 每一集动画，在不同平台传播时，尽量用统一的标题。

11. 设计系列内容，为了使逻辑清晰，来龙去脉一目了然，经常需要用到思维导图工具，可以考虑使用百度脑图或幕布。

12. 网络动画，如果能够收集和参考观众的建议，将更受欢迎。

13. 动画中的某些精彩细节或台词，也可能源自开会时同事的某个灵感。

14. 系列动画火爆之后，卡通形象的衍生产品将很受欢迎，所以，要提前申请好相关版权并注册好相关商标。

15. 研究其他系列动画的内容逻辑结构。

16. 很多创意，往往是在创作的过程中突然涌现的。

17. 推荐大家学习一本动画权威书籍：理查德·威廉姆斯的《原动画基础教程》。

18. 为你的“粉丝”们创造一个交流的平台。

第二十一章 音乐营销

第097招 创作并推出自己的第一首歌曲

听到创作一首歌曲，很多人的第一反应就是“这不可能”。很多人认为，原创歌曲只有歌星或者音乐人才能够做到，普通人无法做到。

其实，很多事情，你觉得有难度，只是因为信息不对称。当你了解一件事情的来龙去脉之后，你就会惊呼：“原来如此。”

大部分人都没有学过专业的音乐知识。但是，大部分人都曾经不经意地哼过一些陌生又动听的旋律。

如果你工作之后未曾哼过某些旋律，那么，你读书的时候或许哼过。

如果你读书的时候未曾哼过某些旋律，那么，你童年的时候或许哼过。

但是，很多时候我们并不重视或珍惜这些突如其来的音乐灵感，我们甚至会觉得这些旋律并不好听。因此，久而久之，我们潜意识里逐步放弃了这种音乐灵感。慢慢地，我们认为，原创音乐对于普通人而言不可能，那只是歌星或音乐人的事情。

我曾与多位音乐人交流过，他们几乎都认为："一首音乐的创作，最重要的，就是那段最核心的旋律。"而这些旋律曾经在我们的日常生活中突然流露出来，但却因为我们未曾珍惜，而慢慢消逝。

当你不重视某种灵感的时候，类似的灵感就会逐渐离你远去。

而当我们开始重视这些原创旋律时，我们就要考虑："如何快速地把它们记录下来？"

最简单的方法，就是拿起手机，使用录音软件快速记录这些旋律。

iOS 系统自带的录音软件，以及安卓系统中的录音宝或者录音大师都是很不错的录音 APP。它们都有暂停功能，这个功能特别重要，因为有时你录制某段原创旋律时，你可能会突然卡住，灵感中断了，那么，这个时候你就需要点击暂停按钮，等到灵感继续涌现时再继续录制。

当你成功地把原创旋律录制下来之后，你就可以在电商平台上寻找一些专业的音乐工作室，请他们帮你把这首旋律用各种乐器或声音表达出来。那么，这个过程就是从作曲到编曲的过程。

一首歌的编曲工作，各种音乐工作室的报价，500～3000 元都有，关键看你对编曲工作的要求。

曲子编好之后，如果有原创歌词，就可以请网络歌手帮你演唱。网络歌手录制一首歌曲的报价，100～1000 元都有，平均 500 元左右。

当这些工作都完成之后，你会突然发现：你的第一首原创歌曲，终于出来了！

第098招 用一首歌曲奠定创始人或品牌的行业地位

一些有创意、有个性的网商，喜欢跳出各种电商平台错综复杂的限制，用更高的高度和更独特的视野，去设计一些更有创意和生命力的传播内容，这些内容蕴含着网商对自己领域的热爱和专注，网商想尝试新鲜事物和创造奇迹的好奇心。突破日常琐事的困扰，突破人们习以为常的思维，不断迭代，不断创新……

在电商很火热的时期，有些人就推出了“电商之歌”；在微商很火热的时期，有些人就推出了“微商之歌”。互联网不断地迭代更新，网商们就不断地推陈出新。

在某些城市全力发展旅游业时，有些人就推出了关于这个城市的旅游之歌，歌词大多描述“旅游+风景+人生+爱情+邂逅+回忆+快乐”，这些歌曲在很多古镇景区很受欢迎。

走过某些古镇景区的购物古街，你会听到这种风格的原创歌曲此起彼伏，令人心情愉悦。

一个景点可以让一首歌走红；一首歌也可以让一个景点更具人情味，

两者相辅相成。

有些企业经营茶叶，就推出了以“茶与人生”或“禅茶一味”为主题的歌曲。顾客在购买茶叶的时候，可以获得 CD 或 U 盘，里面都是企业的原创音乐。顾客在喝茶的时候，可以聆听到企业原创的禅茶文化音乐，不亦乐乎。

当人们购买产品时，他们可能会去分析这款产品赚了他们多少钱、这款产品值不值得、这款产品有什么优缺点。当人们听到一首歌时，他们可能会静下心来，用心聆听，认真去体会这首歌曲要表达的东西。

人们对音乐有原始的崇拜心理，人们普遍认为：“音乐大多是善意的。”

当一首歌曲逐渐走进人们的心里，人们就会开始去关注这首歌背后的人和事。

这种自发的探索行为，会让人们更加乐意去思考、认同、信任歌曲所传递的故事、感情和精神。

第099招 快速推广原创音乐的绝招

严格来说，好的音乐会自动传播。因为美好的事物，人们总想珍藏或分享。所以，原创音乐的推广，最重要的前提是这段音乐要好听、动听和感人。

有一些原创音乐，创作出来之后，创作者本人都不想多听。那么，这类音乐，后期的传播是有困难的。

所以，保证音乐的质量是音乐推广的前提。那么，在此前提下，音乐创作者可以参考以下建议：

1. 网络上有一些音乐工作室，他们擅长音乐推广，他们熟悉各大音乐平台。所以，可以尝试与这些工作室合作。

2. 推广音乐，要用分享的态度。带着功利心推广音乐，你会觉得很苦。因为有一些音乐的传播，一开始是很慢的，然后突然某个阶段才变得很快。

3. 多与一些音乐人交流，他们会给你很多专业的建议。你也可以考虑借助他们的平台来分享你的音乐。

4. 可以把你的音乐以投稿的形式分享给某一些音乐公众号或自媒体账号，他们有各自的音乐“粉丝”群。

5. 音乐的名字，尽量不要与其他音乐名字重复。

6. 推广音乐，要用玩的心态。人们评价它好听或者不好听，你都不要太在意，你是最理解自己音乐作品的人。

7. 要敢于免费授权。不要想着通过一个音乐作品赚很多很多钱。你要尽量地放松心情。曾经有一个电影导演，他主动联系我，问：“你的音乐作品《梦回盛唐》，能否给我们电影当主题曲？”我说：“可以呀！免费。”他很开心。

8. 要及时申请音乐版权，可以在网络上申请。

9. 你的歌曲，可以请专业人士帮你上传到唱吧APP，让更多音乐爱好者来唱你的歌。有些人不会主动推广一首歌，但他们很乐意推广自己唱的那首歌。

10. 邀请更多网络歌手来唱你的歌，他们会主动帮你推广给自己的“粉丝”。

11. 为你的音乐拍摄相关的视频，更利于传播。这样，你的音乐就从音频格式变成了视频格式。国内有很多专业的视频分享平台。

12. 用视频形式推广音乐时，视频的标题可以参考这样的格式：热搜的音乐词+你的歌名。

例如，适合大学生毕业时听的歌曲《美好华年》（备注：《美好华年》是2006年我大学毕业时创作的校园民谣）。

第二十二章 微电影营销

第100招 哪里看：研究精彩的微电影

拿破仑曾说："一个要创造历史的人，首先必须了解历史。"

同样的道理，一个要创造出精彩微电影的企业，首先必须了解精彩的微电影。

网络上有很多精彩的微电影。

泰国的微电影，在网络上传播很广。它们大多以走心题材为主，大多讲述某些感人的小故事。这些微电影，通过生活中的一些小细节，突出影片中主人翁人性的真善美，往往触动心灵，催人泪下。

一部打动人心的微电影，片中的某个人物、品牌、公司或者平台一定会让人印象深刻。

某知名洗发水品牌，也擅长微电影营销。他们拍摄的洗发水微电影，大多以励志题材为主。通常，这些微电影会讲述某位女生天生具有某些缺陷，在遭受旁人嘲笑的时候，对人生开始感到迷茫，而后，在某种机缘下，某位前辈用温暖的话语启发了她，让她更加坚定地朝着某个方向努力。直到有一天，她在某次比赛中获得了成功。那一刻，她看到了最美的自己。影片会从各个角度拍摄她自信的眼神和飘逸的长发。最后，影片会出现一句台词：某某洗发水品牌，见证你的与众不同。

网络上，有不同题材、不同地区、不同语言、不同故事、不同品牌和不同风格的微电影，且都有成功的作品。观看各种精彩的微电影，能够让我们快速领悟各种品牌企业传递的文化、价值观、感情和精神。

观看微电影时，有以下几个关键点可以参考：

1. 要带着敬畏的心态，学习前辈的作品。

2. 记住微电影中的感人瞬间，不要害怕流泪，不要板着脸硬撑着坚决不感动、不流泪。顺其自然，才能体会到微电影的精髓。

3. 不要一看片头，就立即关掉。一般来说，只要微电影的大方向是真善美的，就值得我们看到最后。这样，才能完整地理解一部微电影。

4. 不但用眼睛看，而且要用心看。

5. 分析这部微电影是如何为品牌加分的。

第101招 看什么：仔细研究微电影的这些重要细节

观看微电影时，走马观花和用心体会，收获是完全不同的。有的人，看完一部微电影之后，马上就评头论足，把它批评得体无完肤。

一个人的阅历越少，就越关注别人的缺点；一个人阅历越多，知道人生不易，时间宝贵，就会珍惜身边的种种美好，因而更加关注别人的优点。观看微电影，也是同样的道理。

我们在观看某些经典的微电影时，应该仔细观察和研究微电影以下这些细节：

1. 微电影的主题：是否正能量？符合哪类人群？是否适合在网络上传播？

2. 剧情：是否感人？是否水到渠成？

3. 人物：是否入戏？是否传递了剧中的感情？哪些表演片段感人肺腑？

4. 台词：你记得哪几句？你是否有做笔记？你是否写得出同等水平的台词？

5. 场景：有哪些画面拍摄得很唯美？有哪些细节捕捉得很好？

6. 角度：某些重要镜头，摄影机大概是从什么角度拍摄的？表达了什么？

7. 走心：哪些片段触动心灵？

8. 致敬：这部微电影致敬哪些人？

9. 态度：哪些细节的拍摄让你钦佩不已？

10. 文化：这部微电影传承了什么文化？

11. 时间：整部影片时长多久？从第几分钟起令你感动？在那一分钟之前，你是否想放弃观看？

12. 难度：如果你来拍摄这部微电影，你觉得哪些环节有难度？

13. 服饰：人物的衣着打扮，有哪些地方值得学习？

14. 地点：地点的选择是否恰到好处？

15. 音乐：背景音乐是否与主题吻合？背景音乐响起的时间是否刚刚好？

16. 传播：看完这部微电影，你是否愿意与别人分享？

如果我们经常从这些角度去关注一部微电影，那么，我们就会更加清晰地感悟到其中最经典的东西，而这些东西将汇聚成为我们的一种经验和直觉。未来，当我们有机会拍摄微电影或者参与微电影时，我们就能够做得更好。

第 102 招 学什么：如何将各种微电影的优点融会贯通

当你观看了大量真善美的微电影之后，你的内心深处或许会隐隐约约地浮现出一个想法：“在时机成熟的时候，我要拍摄一部什么主题的微电影？”

当你有这样一个念头时，你就可以考虑如何逐步把之前观察到或学习到的知识或经验应用于实处。

例如，某些经典台词令你印象深刻，你就要尝试着去创作一些台词，看看自己有没有能力写出级别差不多的台词。

例如，某些经典剧情让你感动涕零，你就要尝试着去捕捉或记录生活中同样让你感动的真实故事。

例如，某些拍摄方法让你钦佩不已，你就要尝试着拿起手机或相机去拍摄一些同样唯美的画面或镜头。

总之，之前从大量微电影中学到的积极的知识和经验，你都要逐步尝试让它们变成真实行动的一部分。这样，你将收获更多巧妙的灵感。这些灵感，会引导你逐渐把各种微电影的优点融会贯通。

第103招 拍什么：拍摄微电影应该注意的细节

很多人觉得微电影离自己太遥远。

我有一个亲戚，初中毕业，一直有一个导演梦。他早上要耕田，下午学拍摄，晚上自学微电影制作技术。

经过几年的努力和资源整合，他终于推出了自己的原创微电影。

他拍摄的微电影，主题以正能量为主，语言以潮汕话为主，内容以地方民间故事为主，风格以搞笑为主，道具以便宜为主，场景以地方景点为主，演员以网友主动报名为主，费用以商业机构赞助为主。

他用两年的时间拍摄了二十多集微电影。这些微电影广受潮汕地区的年轻人喜欢。很多年轻人看到自己的城市终于有了原创的本土微电影，倍加珍惜，纷纷收藏和转发。

企业在筹备拍摄第一部微电影时，需要注意下面这些细节：

1. 微电影的拍摄和发布，需要办理相关的证件；微电影正式发布之前，需要提交给相关部门审核。

2. 在自己企业无法单独完成一部微电影时，可以考虑和有资质、有实力的企业合作。

3. 微电影的主题规划好之后，平时就要多拍摄相关素材，以及随时留意合适的合作者。

4. 当对拍摄微电影完全没经验时，可以向某些已经拍摄过微电影的朋友请教，或者当他们再次拍摄微电影时，争取到拍摄现场学习。

5. 可以尝试去担任某些微电影的工作人员或临时演员，这样，可以更加真切地体会到微电影拍摄的整个环节。

6. 自己拍摄的第一部微电影，内容要尽量简单，片长要尽量短，这样，更容易起步。

7. 各种拍摄设备和道具，都是可以租用的。

8. 与一些专业的微电影拍摄机构合作，会获得很多方便和经验。

9. 微电影，不一定要有台词，关键看剧情的设计。

10. 要处理好微电影背景音乐的版权问题，也可以找一些可以商用的免费音乐。

11. 如果觉得拍摄微电影的门槛较高，可以考虑先拍摄一集微视频。

12. 微电影，如果同时配上中英文台词，会更受欢迎。

第104招 如何推：微电影的推广思路和方法

微电影的拍摄和制作，需要投入相当多的时间和成本。如果微电影的内容真善美，则有必要大力推广。而市场上，懂得拍摄微电影的人，不一定懂得后期的推广。所以，很多微电影拍摄好之后，并没有得到很好的宣传。

那么，推广微电影，有哪些思路和方法可以参考呢？整理如下：

1. 微电影在正式推出之前，要及早预热。

2. 前期，公布微电影的主题或名字之后，可以邀请用户一起来设计剧情或台词。

3. 微电影的广告创意，也可以通过社交平台来征集。

4. 微电影在正式推出之前，可以先分享一些预告片或花絮视频。

5. 微电影制作完成之后，可以分享到国内最重要的十大视频网。

6. 微电影可以分享到各大自媒体平台。

7. 微电影的推广，要专注一个视频平台和一个自媒体平台，其他平台则与之相辅相成。

8. 微电影的经典台词，可以通过段子、图片、图文或表情的形式分享到社交平台上。

9. 要为微电影的观众或“粉丝”提供一个或多个交流群。

10. 可以与电影类的公众号或自媒体平台负责人交流、探讨。

11. 可以与电影类的帖吧吧主交流、探讨。

12. 可以与专门推广微电影的工作室负责人交流、探讨。

13. 微电影分享到视频网或自媒体平台时，标题要写得更加详细，以方便用户搜索。

14. 要及时关注微电影的评论。

15. 第一部微电影可以为第二部微电影做好铺垫。

第二十三章 游戏化营销

第105招 设计一个简单又容易传播的游戏

人们喜欢参与各种游戏，无论是线上的，还是现场的。

我们在逛街的时候，经常会看到某些商家门口摆着一个大转盘，或者摆放着一些金蛋，邀请顾客来参与。这些实物游戏，能够让顾客们感受到一种仪式感。哪怕过了很久之后，大部分顾客依然会记得自己曾经在哪些地方参加过游戏活动。

移动互联网时代，我们看到网络上涌现出各种精彩的虚拟互动游戏。参与者们喜欢将链接分享给亲戚或朋友，希望他们也能获奖或获得某种体验。

很多人可能会觉得虚拟游戏很难设计，其实不然。

现在，网络上有很多专门为商家提供游戏模板的网站。商家无须懂得技术，只需按照模板输入简单的内容，就可以瞬间生成一个在线游戏。

这种游戏叫做 H5 小游戏。想了解的朋友，在搜索引擎上输入“H5 小游戏”，就可以看到很多相关的网站提供这样的功能或服务。

有一些商家干脆不用这种平台，直接用最简单的方式设计原创小游戏。

例如，某一个面膜品牌 D，他们找出国内最出名的二十个面膜品牌的名字，把这些名字的每个字单独提取出来，加上自己品牌的几个字，全部融汇到一起，打乱顺序放进一个 6×10 的表格中。他们把这个表格做得很精美，而且生成各种彩色的样式图片。

然后，他们通过社交平台推出一个小游戏。

听说，从这个表格中，能够找出 8 个面膜品牌的是美女；能够找出 12 个面膜品牌的是大美女；能够找出 21 个面膜品牌的是绝世美女。快来找找吧！我是普通人，我只找到 4 个品牌：A、B、C 和 D。

这个小游戏，分享到社交平台之后，很多女生觉得很有趣，都想挑战一下，看看自己能够找出几个面膜品牌。于是，有的人评论，有的人转发，有的人邀请更多人来参与……

这个游戏，无论参与者找出了多少个名牌名字，她们都会预先看到 A、B、C、D 这四个品牌，而 D 品牌，刚好就是这个游戏的设计者。

这个游戏不一定值得我们学习，但是，有一些地方值得我们思考。

第106招 线上测试，调动客户的参与热情

网络上有一些专业的表单制作平台，如金数据。通过这些表单平台，企业可以设计出线上的问卷或试卷。

例如，某一个中医养生专家，他可以提出十个最有代表性的健康问题，用表单系统设计一个在线试卷，每个问题下面对应四个选项，参与者可以单选，也可以多选。每个问题 10 分，十个问题总共 100 分。用户参与这个简单的线上考试，可以快速地检测自己对健康知识的认知水平。

这样的在线小测试，在网络上推出之后，会有很多人来参与。他们都急切地想了解自己能否答对这些问题，想看看自己能得多少分，因为这个分数能够提醒自己哪些健康知识还需要补充。

参与者点击交卷之后，可以马上看到标准答案是什么，大家获得的平均分是多少。

当参与者觉得这个答卷活动有意义时，他们就愿意分享给更多的朋友。

其实，很多企业都可以针对自己的行业，总结一下顾客最关心的十个问题，通过表单系统设计出简单、有趣又有意义的考卷，然后分享给自己的顾客，邀请他们来参与答卷。

企业在这个过程中，可以培养自己与顾客之间的信任感，也可以打造自己品牌或平台的知名度。

第107招 让拥有自主版权的布娃娃成为奖品之一

游戏化是未来网络营销的大趋势。企业推出的某些互动小游戏，能够让顾客体验到与众不同的参与感。

企业为了调动顾客参与互动游戏的热情，往往需要准备一些奖品。

那么，企业自主设计的吉祥物布娃娃，就是最好的奖品之一。

在移动互联网时代，卖萌营销变得越来越重要。很多大企业都推出了自己的吉祥物卡通形象，并制作出布娃娃。

当顾客收到企业自主设计的吉祥物布娃娃时，顾客往往会认为：

1. 这家企业与众不同。

2. 这家企业很有诚意。

3. 这个布娃娃带着企业赋予它的某种含义，值得珍藏。

4. 这个布娃娃，自己收藏或者送人都很好。

5. 好想要更多的吉祥物布娃娃。

6. 看到这个布娃娃时，可能就会想起这家企业。

卡通形象的设计，可以外包。在威客平台和淘宝网上，有很多设计卡通形象的工作室。

企业设计出自己的卡通形象之后，要尽快注册版权和商标，然后，把这个卡通形象交给布娃娃工厂打样、制作。

第四部分 精　彩

互联网，何其精彩。它使传统店铺有了更多的机会，线上店铺有了更好的未来。如果你热爱你的行业，你就会渴望把自己创造的价值分享给更多人。你会放下实体店与网店的辩论，并以全新的目光去发现或创造线上线下共同的商机。

第二十四章 O2O 营销

第108招 线上业务如何借助线下的推广优势

有一个朋友推出了自己品牌的矿泉水，他推广矿泉水的第一个策略就是不断地赞助各种企业、协会、机构的现场活动。

他说："营销秘诀无他，先送。"

凡是他赞助的活动，主办方都会邀请他上台分享一下创业经验。他就借用这个时间，分享他和矿泉水的相关故事。这样一分享，又有更多人邀请他赞助更多新活动。

他在某些活动的舞台上分享他的创业故事时，台下有一位同事会帮他拍照片和拍视频。之后，这位同事会把这些素材和内容整理成为一个专业的宣传视频或一篇专业的宣传文章，然后通过各种网络平台进行宣传。

线上的很多潜在合作伙伴，看到这个品牌的矿泉水经常出现在各种高大上的活动中，于是，对这个品牌更加信赖。

另外一位朋友经营面膜，经常带着他的面膜产品参与各种美女达人聚会，分享自己的创业故事，然后，邀请一些美女拿着面膜产品拍照或拍视频。如果美女授权他可以把这些照片分享到网络上，那么，她将获得一箱面膜。

企业在借助线下推广优势助力线上业务时，必须注意以下细节：

1. 参与或者举办各种现场活动时，要尽量地留下照片或视频，这些材料，便于网络宣传。

2. 现场活动会让线上的顾客感觉到这个品牌是有活力的、活生生的、真实存在的。

3. 现场活动如果能够邀请一些权威专家、行业“大咖”、名人参与，那么，这个活动后期在网络上宣传时，将更有影响力。

4. 如何邀请更多专家参与你的现场活动？首先，你要争取成为自己领域里的权威专家。

5. 邀请一些专业的主持人，他们可以让活动效果更好。

6. 活动的流程，尽量亲切、自然。

7. 尽量多设置一些抽奖环节，抽奖能够快速调动现场氛围。

8. 可以邀请一些自媒体人或网络营销专家参与你的活动，他们会给你更多专业的宣传指导。

9. 如果参与者对本次活动很满意，那么，可以预告下一次活动大概什么时候举行。

第109招 线下业务如何借助线上的推广优势

有一个朋友经营着五家中医养生店铺。过去的几年，他经常组织一些线下健康交流活动以分享各种中医养生经验。参与者学习了系统的中医养生理念之后，便更加清晰地知道自己要购买哪些养生产品。通过这种方式，这个朋友的中医养生店铺，业绩稳步发展。

最近一年，他发现直播很火，于是便在千聊直播平台开通了自己的养生直播间，坚持一个星期开一次直播，以分享各种中医养生经验。于是，之前很多想来听他分享经验却因路途遥远而无法到现场参与的潜在客户，现在便可通过直播平台直接参与他的线上直播课程。

他的线上直播课程是免费的。他建立了很多健康交流群，每次有直播课程时，他便把课程的优惠码发到每个群，这样，每个群成员都可以通过优惠码免费参加。

直播的参与者们学习养生课程之后，觉得很有收获，便主动把链接分享到自己的朋友圈或更多交流群。于是，这位朋友通过线上直播吸引来的顾客越来越多，营业额翻了好几倍。

企业通过线上推广，吸引流量到线下，需要注意以下细节：

1. 线上推广，依然需要时间沉淀，无法一蹴而就。

2. 线上推广，让你有机会快速地帮助更多人。所以，你在线上宣传的内容，质量要更高。因为线上宣传面对的对象来自五湖四海，各种水平的受众都可能参与其中。

3. 互联网上，免费内容已经过剩，未来几年，高质量的付费内容，将越来越受欢迎。

4. 不同的线上平台，有各自不同的宣传优势。例如，自媒体平台、SNS 平台、聊天平台、直播平台、视频平台、博客平台、论坛平台或文档分享平台，各有各的优势。

5. 企业要明白现阶段最适合使用什么平台，首先要对这些平台进行深入的了解和学习。

6. 不同的平台，网络上都有相关的营销专家。如果你能进入相关的专家交流圈子，那么，你发展的速度会更快。

7. 免费内容可以快速打开知名度，付费内容则有利于企业的长远发展。免费与付费，需要找到一个平衡点。

8. 有时候，可以邀请你的顾客或“粉丝”跟你一同分享经验，他们的分享会更有说服力。

9. 线上客户和现场客户是平等的，大订单和小订单是平等的，因为在互联网时代，线上与线下是可以相互转化的，大与小也是可以相互转化的。

10. 如果愿意与更多天才或专家分享利益，那么，你将获得更多专业的帮助。

第110招 线上线下兼容互通的核心是真切关爱

做营销的人，经常会听到一句话："对待顾客，要像对待亲人一样。"

然后，很多营销人就纳闷了，一时不知所措。

什么叫做"对待顾客，要像对待亲人一样"？

经过长时间的反思，某些营销人终于领悟："原来，工作或创业这么多年来，由于各种压力，自己逐步忽略了对亲人的关心，慢慢地，面对亲人时，不知如何表达，不知如何珍惜，不知如何给亲人一个轻松而自然的微笑，不知如何给亲人一次强有力却又不张扬的支持。"

原来，很多人，连如何对待亲人都忘记了，更何况对待顾客。

有时候，我们举办一些现场活动时，很多参与者来到现场后，很快就感受到："这个活动跟其他活动不同。"因为我们没有西装革履，没有冠冕堂皇，没有主讲人出场时响起震撼的背景音乐，没有跳抓钱舞，没有说"错过今天就错过整个互联网时代"，没有刷卡机，没有一系列的头衔，没有"听明白了吗、是还是不是、我教你或懂不懂"这样的词汇……

这里只有自然、真诚、干货和不卖关子的分享。

有一次，一位很出名的营销专家请我吃饭，寒暄数句之后，他说："你这里有没有一些高质量的客户？我们可以资源对接。"

我说："我这里每个客户都是高质量的，无论他们购买 1 元还是 1 万元的东西，都是平等的。每个人都有无限的发展可能。"

这位专家，这些年来一直在各地整合各种"高质量"的客户资源。或许他赚了很多钱。但我却认识了很多朋友。

前段时间，一位网友打电话给我，我第一次接到他的电话。他说："很多年前，我学习了你分享的互联网经验。这些年我一直不敢给你打电话，因为我还没成功。今天，我终于敢给你打电话了，我自己的公司去年的营业额是五千多万元。"

我微微一笑。

其实，成功或尚未成功是平等的，全力以赴就好，问心无愧就好。

线上营销与线下营销，兼容互通的核心是真切关爱。一个真诚又有沉淀的人，他组织的商业活动，无论是线上的还是线下的，无论是免费的还是付费的，都会很受欢迎。

真诚是什么？真诚就是尊重内心，不强求，不攀缘，自然而然，不节外生枝。

第111招 什么东西会让现场顾客主动分享到网络上

曾经有一家餐饮连锁企业，通过极致的服务和礼物，借助社交平台宣传，快速火遍大江南北。

很多人通过微博平台，宣传这家饭馆消费之后的种种震撼体验和意外收获。一时间，各种段子、图片和小视频铺天盖地，席卷而来。

其中有几个小例子。

例子一：

某顾客吃完饭，跟服务员说："这个西瓜好吃，帮我拿个盒子，我要打包。"两分钟后，服务员端着一个大西瓜，走过来说："既然您这么喜欢吃西瓜，我们直接送您一个。"

例子二：

某对外国父母，带着自己的三胞胎孩子，到这家饭馆吃饭。服务员一看，马上告诉厨师："有三胞胎宝宝到本店消费。"两分钟后，服务员端上一盘西瓜，西瓜被厨师雕刻成三胞胎宝宝手连手的样子。

例子三：

某家长带着自己的女儿到这家饭馆吃饭，其间，小女孩哭闹。服务员一看，马上告诉后勤人员。两分钟后，服务员给小女孩带来一箱玩具，说："小朋友，别哭，这些玩具全部送给你。"

这样的故事，通过段子、图片和小视频的形式在社交平台迅速走红。很多顾客面对这么极致的服务、贴心的礼物，忍不住拿起手机拍照、宣传。老顾客们的宣传，吸引来很多新顾客，这家饭馆的优质服务，被顾客口口相传。于是，这家饭馆在全国各地的分店，顾客要来吃饭，都要提前两个小时预约或排队，门庭若市。

听了这么震撼的故事，我也准备亲自去体验和学习一下。于是，我一个人提前三个小时到店取票。我就在门口的凳子上一直坐着，观察着这个店铺的各种细节。

一开始，我是带着朝圣的心态来学习的。但是，很快我就失望了。

门口的桌子上，摆放着各种糖果和小吃。我一看，心生欢喜，拿一颗来吃，马上发现这些糖果和自己想象的不同，这种糖果，咬了一个小时，几乎咬不动。我再看看盘子中的其他小吃，发现只有炸得很脆的小面条。这种东西，吃多了很容易上火。于是我没吃。

三个小时后，终于有一位服务员把我领进餐厅内，安排我一张单人桌。我看到旁边的几桌，每桌都有十几位顾客，看得出，他们都是慕名而来的。服务员围着那些人多的餐桌，为他们唱歌和表演。

我平时吃素，所以，点了一盘青菜、一碗汤和一碗白饭。这三样东西，经过一个小时，终于上齐。其间，我叫服务员多次，没人理会。他们只顾围着那些人多的餐桌唱歌或表演。

饭后，我结账，100元。

那一天，我突然明白了什么叫做“相见不如闻名”。这家饭馆竟然对那些个体顾客彻底忽略，只服务那些团体顾客。我马上明白，原来这些服务员都在“表演”，他们的眼里只有“大单”而没有“小单”。

那一次，我深刻地明白了一个道理，一家企业，如果没有真材实料，没有发自心底的真诚，只顾炒作，哪怕炒作得天衣无缝，终有一天，会不攻自破。

从上面的这个案例中，我们可以学习到下面几点：

1. 震撼的服务、礼物和道具，的确会让顾客刮目相看，并且愿意主动分享到网络上。

2. 为了赚钱，故意炒作话题，夸大宣传，是不道德的。

3. 企业的经营要长久，就要真正地去深思和感悟什么叫真诚。

4. 虚情假意只能骗人一时，无法骗人一世。

5. 只有赋予互联网真善美，互联网才会带给你更多真正的惊喜。

第 112 招

口碑效应，让线上受众来到现场

有一家蛋糕店，他们通过网络宣传主打产品——榴梿千层蛋糕。他们邀请很多顾客在微博和朋友圈上分享这款蛋糕的美照。分享者在下次购买的时候可以获得优惠。

很多年轻人，对于美食的拍照非常熟练。对着榴梿千层蛋糕，结合光线、台布和道具，他们可以拍出“浪漫午后”或“温馨下午茶”的感觉。这些照片，分享到网络上，能够吸引很多人关注。

很多没有吃过榴梿千层蛋糕的年轻人，看到这些照片，感觉自己好像错过了些什么。于是，越来越多人来到这家店铺消费。

消费者愿意从线上来到现场，往往是因为口碑效应带给他们一种全新的想象画面。年轻人想马上拥有真实消费的体验。

企业在打造网络口碑时，可以参考如下方法：

1. 很多年轻人很乐意分享，但要给他们更多的惊喜或优惠。

2. 小而美的东西，更容易打造口碑。

3. 产品质量一定要名副其实。

4. 不能忽视每一个顾客。

5. 要付出比别人想象的更多的努力，才能持久为顾客创造惊喜。

6. 对于情侣客户，要重视双方的感受和体验。

7. 对于闺密客户，要赠送一些能够表达友情的小礼物。

8. 对于兄弟客户，要让埋单的人很有面子。例如，埋单者可以获得一份礼物。

9. 对于团队客户，要让他们有一种荣誉感。

第二十五章 活动营销

第113招 活动就像开花结果，需要等待时机成熟

有一些网商有时会抱怨：“为何我们公司辛苦举办的活动，参与者寥寥无几？以后都不想举办活动了，根本没效果。”

网商抱怨时，问题都是一连串的。因为某个核心问题会导致后面一系列的问题。企业如果没有稳定的客户量或用户量，突然就推出促销活动，即使给出的优惠很多，活动场面依然会冷冷清清。

企业如果只有少量的客户，在策划活动的时候，就要有冷场的心理准备。那么，一开始企业就要思考清楚：如果没人来参加，或者很少人

来参加，怎么办？

有一次，我们公司准备组织一个现场活动。由于是第一次组织现场活动，我们对参与人数心中无底，于是，我们就宣传："本次活动，是高端交流活动，报名人数只限 16 人。"后来，报名的人数达到 90 多人。

从这个例子中我们可以学到：在对参与人数心中没底时，宣传的时候，就要尽量地控制人数。这样，主办方就处于中庸的位置，进退两可。

有一些企业，为了举办一场活动，提前半年就筹备了。这与匆促推出的活动相比，效果自然不同。

有一些企业，擅长策划、组织各种活动。有一次，我拜访内衣行业的权威营销专家周高云和齐建朋，他们组织过几百场活动，每场活动都能取得很好的效果。他们跟我谈到活动策划时，拿出了一本厚厚的《活动准备手册》。这本手册是他们的原创作品，里面非常详细地记录了一场活动前期、中期和后期的各个环节相关的人员配置、工作要求和准备步骤等。我看后，感觉非常震撼！的确，用心跟不用心，效果是完全不同的。

现在有一些企业，举办过一两次活动，无论是线上的还是现场的，发现参与者寥寥无几时，就怨天尤人，自暴自弃。

其实大可不必。活动就像开花结果，前期需要你的播种、浇灌和施肥。如果没有前期的培养，又怎会有后期的收成呢？

第 113 招 任何活动，都需要一定的用户基数

一场活动有没有效果，与前期大量的准备工作有非常重要的关系。而前期的准备工作中，培养用户基数，又是重中之重。

有一些企业，经营了好几年，真实的顾客有很多，但拥有联系方式或成为“粉丝”的顾客却少之又少。原因是，很多企业都只顾做今天的生意，而忽略了明天的生意。

当企业只重视今天的生意时，就会有“能赚一笔是一笔”的心态，而忽略了与顾客交流并保持长期的联系。

现在有很多企业开始意识到：用户资料的积累非常重要，平时要安排一些员工专门在网络上与顾客互动。

我们有很多顾客都是电商人才或营销人才，他们经常会在网络上与我们交流，我们发现，这些顾客问来问去，所提的问题基本上都在“1000个常见问答”的范围之内。我们在过去的几年间，整理了顾客最常问的1000个问题，并认真写好了答案。之后，再有顾客提出类似的问题时，我们只需要通过客服辅助软件，轻轻一点击，答案就会自动发送过去。

顾客就会觉得我们回答的速度很快，答案很专业。

我们与每批顾客都保持良好的互动，一批批顾客来了之后，就不会突然离去，他们会不断地沉淀下来。在互联网上创业，我们要多做一些有沉淀的事情。

有时候，我们要通过公众号群发一些对“粉丝”们有帮助的干货、资源、PPT、思维导图或优惠券。这样，“粉丝”们就会收藏、转化或分享出去。

一个企业，最宝贵的资源就是用户基数。

有一个朋友，经营着一家面膜公司。他们一开始准备了3000盒面膜，然后安排员工在微博上找一些比较有影响力的女生，如杂志主编、模特、协会负责人、作家或购物达人等，发私信给她们，说：“我们愿意赠送您一盒面膜，如果您愿意在使用后写一段100多字的使用心得并分享到网络上的话。”

他们联系了3000人，有2000人愿意参与这个活动。

然后，这个品牌有了最原始的2000个用户，而这2000个用户又是比较有影响力的人，因此，这个品牌很快吸引了一大批精准的潜在顾客。

通过这种方法，这个品牌很快在社交圈打开了知名度。

第 115 招 线上活动的设计秘诀：付出少，收获多

网民在网络上，每天都面对着大量的活动宣传。他们参与活动的热情会被大量的活动稀释掉。所以，他们平均留给每个活动的参与热情，很小很小。

什么样的网络活动会有比较多的人参加呢？那就是“付出少，收获多”的活动。

有一次，我们在朋友圈推出了一个征文活动，主题是“根据这个茶农布娃娃写一篇 500 字的文章，奖励一个茶农布娃娃，写就奖！”

不是抽奖，也不是评奖，而是写就奖！一下子，很多人参与了这个活动。因为他们知道，只要结合这个布娃娃写出 500 字，就可以获得一个萌萌哒的布娃娃，百分之百入选，不怕“付出了劳动，最后一场空”。对于朋友圈里那些经常发文章的达人而言，写 500 个字是很简单的。于是，一个星期之后，我们收到了很多稿件。我们给每位参与者寄出一个乐播者茶农布娃娃，而且包邮。这场征文活动皆大欢喜。

一些企业推出的活动，之所以参与人数少，是因为奖品太少，围观

者担心获奖的概率太小，因而放弃参与。

促销活动的设计，也可以参考“付出少，收获多”的原则。

一些手机品牌，搞促销活动时都告知“粉丝”们：“只需支付 99 元定金，一个星期后，即可以优惠价购买这款手机。”

一些培训企业，促销课程时也告知“粉丝”们：“原价 3000 元的课程，今天购买，只需 50 元。”

我曾经在某个景区的门口，看到某个商家举办了一个活动。参与者只要坐下来，能够完整无误地从 1 写到 600，那么，无论多长时间完成，都可以奖励一个大布娃娃。这个活动的参与者很多，而且几乎都是女生。

其实，线上活动和现场活动的一些思路是相通的，关键在于企业能否灵活运用。

第116招 现场活动的设计秘诀：因为荣幸，所以参与

国内有一家很出名的面馆连锁企业，它们推出了一个长期的活动：“顾客生日当天，只要拿身份证到本店消费，即可以9.9元的特惠价购买一碗99元的长寿面。”

顾客生日的时候，一般都会准备好好地消费一番。所以，顾客如果来到这家面馆，几乎都不会只消费9.9元就离开。所以，从这个角度而言，这家面馆推出这个活动，绝对不会吃亏。

但是，顾客很乐意去这个餐馆体验一下这个活动。

有一天，刚好是我生日。我与妻子准备到这个面馆体验一下。坐下来之后，发现旁边餐桌的客人也是那天生日，想必他们也是慕名而来的，我们相视一笑。

你用9.9元的特惠价点了长寿面，20分钟后，服务员推着小推车，把面送到你的面前，并亲切地为你唱一首《生日快乐》。

这么久以来，我几乎没有举办过什么生日活动。那一次，我为了体

验他们的活动，特意到这家面馆消费。

之后，我感觉，在这个商家竞争激烈的环境下，有一家企业愿意在你生日时真诚地为你唱一首歌曲，这份初心已经很值得称赞了。

企业在设计现场活动时，应该注意以下细节：

1. 现场活动，要尽量多拍摄一些视频花絮，方便日后宣传。

2. 有一些礼品时，现场的氛围会更火爆。

3. 不能冷落每个角落的参与者。

4. 要做好两种准备：参加的人数太少怎么办？参加的人数太多怎么办？例如，有一次，我回大学演讲，只有400个座位的教室，来了1200人。幸好我们之前准备好了1000多本笔记簿，让到场的每位学生（无论是有座位的还是没座位的）都能领取到一本赠送的笔记簿，这样，我们心里才会舒服些。

5. 让每位参与者感觉自己都是贵宾或者幸运儿。

6. 现场活动的礼品，可以邀请一些企业或朋友赞助，主办方通过其他形式回报这些赞助商。

7. 大奖一般用于广告宣传，但真正慰藉人心的是每人一份的精美礼物。

8. 整个活动要让顾客有一种“下次还要再来”的感觉。

第117招 让活动沉淀到社群，并分享给更多人

如果企业有自己的产品社群或“粉丝”社群，那么，每次线上活动都可以凝聚各地的参与者，让大家感觉到参与活动的便利性；每次现场活动，都可以让线上的“粉丝”有一次见面、聚会、交流和合作的机会，更加直观地感受到社群的活力。

总之，社群的宗旨，一定要真善美，一定要坚持正能量，一定要带动参与者们共同进步，这样，社群才能走得更远。

例如，某一个读书分享类的公众号，在国内有很多付费会员，每个会员都有机会参与线上和线下的一些活动。然后，负责人会把每次活动中大家分享的经验汇总到一起，然后做成 PPT 或视频，通过公众号分享给每位会员。这样，每位会员，哪怕有的无法及时参加，之后都可以通过公众号了解到之前的活动内容。

一般来说，每个社群都会有一个共同的目标或理想，例如，某些手机社群，他们的目标是共同设计和拥有性能最强的手机；某些学习类社群，他们的目标是通过读书改变命运。

社群，一般会通过各种活动提醒参与者们朝着一个真善美的方向努力。

第二十六章 道具营销

第118招 让道具上的广告成分降到最低

这里说的道具，主要是指展示道具、活动道具或活动礼物。我们在设计道具或者购买道具的时候，一定要带着诚意。因为这种诚意，会赋予这些道具与众不同的气息。

当我们带着诚意去设计道具的时候，我们会希望道具上的广告成分尽量减少。我们希望顾客通过这些道具，能够体验到一种久违的惊喜或一种心灵的触动。

越注重短期营销效果的企业，道具上的广告成分越多。越注重长期营销效果的企业，道具上的广告成分越少。

当道具上的广告成分减到最少时，或许就剩下品牌名字了。

当一家企业注重品牌营销，并把培养品牌当成十年或百年的主要战略时，那么，企业会认为道具上有品牌名字的出现就足够了。

但是，只有品牌名字出现，并不代表不需要其他文字。因为没有其他文字的诠释，哪怕有品牌名字出现，顾客也不一定能体会到这个道具的深意。

我们曾经举办过一些网商聚会活动。我们为这些活动设计了精美的礼物，如其中一款是高质量的定制鼠标垫。这些鼠标垫上面，有美丽的风景图片。如果我们只是印上“乐播者”或“郑俊雅”，那么，活动参与者收到这份礼物时，就不知道这份礼物的深意。

所以，我们需要为每一张鼠标垫配上精彩的话语。例如：“无论过去怎样，互联网都将给你再创辉煌的机会。——郑俊雅”。

这样，参与者收到这份礼物时，就会感觉这种鼠标垫与众不同，因为上面的话语是写给他看的，而写这句话的人是这次活动的主办人。这样，大家就会觉得恰到好处。

当然，有一些道具或许因为空间有限，或者版面有限，是无法印上太多文字的，那么，这类道具可以印上你们公司的卡通形象和品牌名字。

广告成分越少，顾客会越容易认为这份道具是企业用心为他定制的。

第119招 道具可以很小很小，但必须带着爱和惊喜

我们曾经举办过一些电商沙龙，每位参与者，我们都会赠送一份小礼物。

这份小礼物是一片定制的竹制书签。这个书签，宽 1 厘米，长 15 厘米，定制价 2 元。

书签上面可以雕刻定制的文字内容。我们让工厂刻了一句这样的话：“是否相信，终有一天，你将改变互联网？——乐播者”。

很多人收到这份小礼物时很惊喜，很感动。他们觉得，书签上的那句话，好像是郑俊雅在单独问他。每个人拿到这片书签时，都会静下来想一想：“是哦，未来，我有可能改变互联网吗？这句话，说的是我吗？”

小小的书签，让参与者们用某个瞬间，静下来去感受和思考自己在互联网时代的使命和发展空间。

那一刹那，那种体验会让参与者们拥有一种莫名的感动。

所以，道具可以很小很小，但必须带着爱和惊喜。

这种爱，源自我们对每个人平等的尊重，源自我们对每个人未来发展的无限可能性的尊重。

这种惊喜，或许是因为一份罕见的礼物，又或是因为一句深刻的话语。

其实，爱与惊喜，相辅相成。有爱的地方，往往就有惊喜发生。因为这种爱会让企业更加用心地去理解顾客的心理和需求，用某个细节，为顾客带来如亲人般的温暖。

第120招 意想不到的道具，让产品复购率达到80%

我的团队有经营茶叶项目。为了让茶叶卖得更好，我们设计了一个原创的卡通形象。这个卡通形象是一个很萌的乐播者小农民。

我把这个卡通形象交给布娃娃制作工厂，请他们把平面的卡通形象变成立体的布娃娃。这中间需要一个环节就是打样，打样费是500元。

第一次打样，布娃娃的样子像个小老头，但卡通形象的原型是一个小农民。所以，第一次打样失败。

我又发了500元给工厂，让他们重新打样。工厂的负责人很感动，说："别人打样都是一次次修改，却不愿意多支付打样费，而你却直接发了第二次打样的费用过来。"

我说："为了做好这个布娃娃，我准备了十次打样的费用。所以，请你放心，大胆去设计。"

一个星期后，工厂负责人发了一张照片给我。我一看，很惊喜！第二次打样终于成功了！

工厂的负责人告诉我："我们设计师花了很多心思，因为我们看到了你的态度。"

之后，所有在我们网店购买茶叶累计达到三盒的顾客，我们都赠送他一个乐播者小农民布娃娃。顾客收到茶叶和礼物之后都很开心。

有的顾客问："我家里有双胞胎，能不能多买几盒茶叶再多送一个布娃娃？"

有的顾客说："我女朋友很喜欢你们这个布娃娃，叫我一定要来你们店铺购买。"

有的顾客说："我喝茶时，我的小孩就在沙发上玩着你们赠送的布娃娃，小孩很开心，我喝茶也就更开心了。"

这个布娃娃是茶农的形象，所以，它和茶叶有一定的关联性。顾客的茶几上可能会摆着不同品牌的茶叶，但是，与茶叶相关的布娃娃，也许只有一个，就是我们送给他的这一个。

当顾客看到你们原创的布娃娃，就会经常想起你们的品牌，因而，复购是自然而然的。

第121招 设计或找到令人爱不释手的道具

有一次，我应邀到一个地方讲课，其间讲到视频营销时，我说："为什么现在很多企业都觉得视频很难制作？为什么用户对视频会有一种崇拜心理？为什么用户更加愿意相信视频所分享的内容？因为小时候，我们很难得才能看到一部电影。那时候，很多地方只有举办重要庆典时，才会有人赞助费用邀请电影播放队来村里或社区里播放电影。这种最初的记忆一直埋藏在大家的心中。大家普遍认为：影视作品是非常难得的，视频作品是非常难得的。而那时，我们露天观看电影时，那种最初的电影播放机，就是这样的……"

然后，我拿出一个电影播放机的模型，摆在讲台上。台下的学员们欢呼起来。

我打开电影播放机模型的开关，灯光亮了起来，音乐响了起来。对！这是一个可以发光的音乐盒，它的样子就是电影播放机。

然后我说："待会儿我会提一个跟视频营销相关的问题，答对的同学可以获得这个奖品。"于是，台下的学员们充满热情。

有人可能会问："这么精美的礼品，你赠送出去，会不会有一点不舍？"

是的，选择礼品道具，要的就是这种不舍的感觉。因为当你有这种感觉时，就证明这个道具，连你自己都心动。那么，这样的道具赠送给顾客，他们一定会非常喜欢。

精美的道具，有时候是内部团队自己设计的，有时候是可以在网络上购买的。无论是原创的还是购买的，只要它被展示出来的时候，观众们会一片轰动，充满惊喜，那么，这款道具，或许就选对了。

有时间的时候，可以在电商平台搜索一下"精美道具""精美礼品""个性礼物"或"特色道具"等，你会有很多新的发现。而这些发现，在未来的某一天，可能会被你用于商业活动中。

第122招 恰到好处的道具会带给人们更多惊喜

有一次，我在一个地方讲课，其间讲到互联网人应该修养心性、端正心念时，我引用了康熙的一句名言：“一事不谨，即贻四海之忧；一念不慎，即贻百年之患。”

然后，我问现场的所有学员：“你们想获得一份跟康熙相关的纪念品吗？要的同学请举手？”

全场学员都举手。然后，我安排工作人员给他们每人送上一份纪念品。这个纪念品，就是一枚铜钱，上面刻着“康熙通宝”。我跟大家说：“这个铜钱，是仿制品。它的作用在于，某些时候，它可以提醒我们，康熙曾经说过这样的一句话。”

课后，同学们纷纷对着这枚铜钱拍照，然后配上康熙的这句名言，分享到各自的朋友圈中。

在合适的场合出现合适的道具时，人们就很乐意将这些道具的照片分享到网络上。如果这种道具与你的产品或服务是有关联性的，那么，顾客们的这些分享行为就会为你的品牌带来更多宣传的机会。

第二十七章 门店营销

第123招 "热情"赶走了顾客，顾客喜欢自己发现

很多时候，顾客走进某些实体店，销售人员马上就跟上来，一直跟在后面，开口就问："有什么可以帮你呢？想要些什么呢？"

遇见这种情况，很多顾客特意在店铺里转一两圈，然后留下一句"我先看看"就走了。

为什么呢？因为顾客逛街是为了寻找惊喜，不是为了被销售。顾客哪怕决定买某个产品，也希望是由于自己善于发现或懂得寻找，终而得到某个产品。这样的过程，是顾客完全参与购物的整个过程。但如

果一直被销售员跟着，顾客就会觉得某种营销或促销的目的或暗示一直跟着他，这种无形的力量会影响顾客的购买决策，并且让购物的乐趣烟消云散。

所以，从某种角度而言，是销售员的“热情”赶走了顾客。现阶段，某些重要地段实体店的入场费、顶手费和租金越来越高，实体店的老板，会自然而然地把这种压力投射在销售员的身上。销售员的底薪低，不得不以“热情”的推销方法，却往往适得其反。

我观察大型购物中心或重点商业街上那些宾客盈门的店铺，往往都有一个共同点：这些店铺的销售员不会跟着顾客。顾客进入这样的店铺之后，可以随意走动或坐下，可以看看这看看那，可以试试这试试那，顾客有一种轻松、自然和舒适的感觉。这些店铺也会播放一些年轻人喜欢听的音乐，让年轻的气息通过音乐、香味、标语来传递。

顾客喜欢自然、迷路和发现。想一想，一个顾客在自己喜欢的店铺，对着几样同样心仪的产品犹豫不决时，发现某个新区域上面摆放着各种全新的产品时，或者是看产品看得太入迷而找不到收银台时，那种新奇感或惊喜感，就是顾客逛街购物时最渴望体验或珍惜的。

第124招 不设圈套，真正开心地赠送礼物

我曾经去过一家很出名的糖水店，这家店铺是全国连锁店铺。这家店铺的收银台上摆放着一张优惠活动宣传卡片，上面写着："充值一万元，赠送一碗红豆沙。"

你想一想，顾客看到这样的活动宣传内容，会有什么反应呢？充值一万元，才赠送一碗红豆沙？这红豆沙，难道是从外星球来的？世间罕见？

这种想促销或搞优惠活动，却又舍不得大方赠送的行为，让人有点哭笑不得。当店铺的老板实在不想让利顾客或赠送礼物时，就干脆不要设计这种超级吝啬的活动了，不然只会弄巧成拙。

也有一些店铺，你在里面消费之后，他们就推荐你开通会员卡。当你问开通会员卡有什么用时，无数的服务员几乎都会回答："可以积分呀！"当你问积分有什么用时，他们又会回答："可以兑换礼物呀。"当你问可以兑换什么礼物时，他们都会一脸茫然。

很多店铺的销售员，根本不知道积分可以兑换什么礼物。那为何推荐消费者开卡呢？因为有提成。

当一家店铺，从老板到员工，自上到下，所有人都不曾真正为顾客着想时，整个店铺就会弥漫着一种金钱至上的气息，顾客在这样的店铺里面，感受不到关爱。店铺墙壁上的各种“顾客至上，真诚服务”的标语，也都成了自欺欺人的摆设。

与这些表面文章相比，另外一些真正关心顾客的店铺，它们的行为，则让顾客备感温暖，时常惦记。

很多年前，我到电脑城购买一个 MP3 播放器。逛着逛着，我逛到了一个门面只有一米宽的小店面前。

试了几款不同的播放器之后，我在两款价格分别是 300 元和 500 元的播放器之间犹豫不决。小店的老板跟我说：“我建议你选 300 元的这款。因为我做这行，对产品比较熟悉，这些产品的功能其实差不多，有差价主要是因为品牌不同。你可以拿回去听，如果一个星期后，你觉得要换另一个，可以回来找我。”我觉得有理，就买了 300 元的那款播放器。然后，这个老板送了一个耳机给我，说：“这个耳机，质量不错，我看你这么喜欢音乐，忍不住想送给你。”我很感动。

之后，我又跟她买手机。我坐地铁到电脑城地铁口时，她在电话里告诉我：“小郑啊，你不用出地铁口，我拿下去给你，这样你就可以省点钱。”我很感动。

在地铁口，我准备拿购买手机的 5000 元费用给她时，她说：“下次记得不要带这么多现金了，你直接转账给我就行。”我再一次感动。

我觉得这个老板做生意很真诚，很用心，于是，在我公司某一次要买几十台电脑时我就从她那里购买了。

一个店铺，是否发自内心真正关心顾客，顾客是可以感受得到的。

一个店铺，如果真正想让利给顾客，那么，负责人设计的活动不必绕来绕去，尽量让顾客可以简单地获得礼物或价值。千万不要设计很复杂的活动。因为顾客积极参与了活动，却最终没有获得奖励时，顾客绝对不会觉得自己笨，只会觉得这家店铺在故意刁难顾客。

有一些店铺，活动推出后，当顾客参与后来领取礼物时，某些店员会不太情愿，若有所失，仰望苍天，一脸茫然。这又何苦呢？

第125招 第一份礼物可以无条件赠送

我们经常会看到一些店铺举办活动，要求顾客扫描二维码，关注公众号之后，可以参与某种活动，然后有机会获得礼物。

顾客多次尝试之后，终于成功参与了活动，却发现自己没有获奖。这个时候，店铺再一次证明顾客是没有运气的！

顾客为的是什么呢？为的就是要体验惊喜！体验收获！体验运气！如今，付出努力之后，却一无所获。顾客就会感觉被欺骗了，然后马上取消关注。

店铺设计这样的活动，又何苦呢？

店铺设计活动，要以不伤害顾客感情为前提，在此基础上，如果还能够培养顾客感情，那么，就再好不过了。

如何培养顾客感情呢？那就是无条件地赠送！

有一些人马上就会问："那我岂不是要亏死？"

不会！因为礼物的成本是可以控制的，礼物的形式也是可以选择的。

有一些人马上就会说："对对对！我记得了，是不是就像夏天时，路边某些人经常派送的印有医院广告的那些扇子呢？"

不是！那种扇子虽是礼物，但广告太明显。顾客不太愿意去看那些广告。即使偶尔看了，也不会经常带在身边，因为广告内容与他的身份或他所在的某些场合不符。

很多企业有一种这样的心态："既然这礼物是要花钱的，那我就尽量多加一些广告进去，广告越多，这钱花得越值。"

问题是广告内容越多，顾客就越不愿意看，更不愿意经常带在身边。

综上所述，店铺赠送给顾客的第一份礼物，要符合以下几个条件：

1. 无条件赠送，顾客会感觉到被尊重。

2. 成本尽量低，方便大量赠送。

3. 广告尽量少，顾客会更加喜欢。

看到这里，有些人马上就会说："那这礼物送了还有啥用？"

有用！关键在于你的设计。例如，某个奶茶店，凡是走过路过的朋友都赠送一张漂亮的卡片。这种卡片正面印着地铁地图，背面只印着一句话："某某奶茶店，常伴你左右。"或者印上另一句话："你的奋斗与成功，始终有我见证。@某某奶茶店。"

这样的小礼物，符合了上面的三个标准。这样的小礼物送出去之后，很多人会收藏起来，因为他们需要，尤其是经常坐地铁的年轻人。由于这个小礼物上面没有明显的广告，所以，人们带在身边，并不会觉得不妥。另外，礼物背面的那句话语，顾客偶尔看到时，会觉得内心暖暖的。

当然，这只是一个例子。小礼物有很多选择，也可以有很多创意。

当第一份小礼物无条件赠送出去之后，顾客会觉得这家店铺是亲切的、善意的。之后，这家店铺再赠送其他什么礼物时，顾客就更加愿意去参与与这个礼物相关的活动。

记住，第一份礼物不要求顾客关注公众号，第一份礼物的使命是培养第一印象。

第二份礼物，可以邀请顾客关注公众号，但相关的活动一定要尽量简单。例如，关注公众号之后，立即赠送第二份礼物，而且免费为他开通一张会员卡。

礼物、话语、活动，如果能做到触动顾客心灵，那么，后面的一切购买行动会随之而来。

第126招 推陈出新的活动让顾客心悦诚服

有一家专注做西北菜的餐馆，某一次，他们推出了一个活动。

当顾客们坐在餐馆里开心地体验着各种美食时，服务人员推着一台小推车，上面放着一笼一笼的莜面，服务员会邀请某一桌的顾客与她一起玩一个小游戏，那就是猜拳。

猜拳三次，只要顾客能够赢她两次，就赠送顾客一笼莜面。

在玩这个小游戏的时候，每次猜拳都要喊一句口号："我喜欢莜面。"喊口号的声音此起彼伏，整个餐馆的氛围被带动了起来。

因为要喊口号，所以，周围餐桌的顾客都能听到。因为参与活动的顾客很容易就获得了奖品，附近的其他顾客便跃跃欲试。

这家餐馆经常推出不同的活动。

例如，餐馆的门口摆放着六个大鼓。服务员敲击其中的一个鼓，其他顾客敲击其他鼓。如果顾客击鼓的速度比服务员更快，那么，在店里消费时就可以赠送一份美食。

很多顾客都觉得这个游戏很好玩，因为一看就明白，而且胜算很大，所以参与者很多。

当一家店铺门口的活动氛围被调动起来，那么，这家店铺的经营就已经成功了一半。

这家店铺经常推出新活动，每种活动都让顾客很有参与的冲动和热情。

店铺在设计活动时，要有一个心理准备，那就是这些礼物要尽量送出去。如果店铺希望礼物尽量不要送出去，那么，这样的活动大可不必举办。

如果不是发自内心想赠送，那就尽量不要赠送，以免心不甘、情不愿，弄巧成拙，适得其反。

第127招

扫一扫二维码，看到产品的故事

有时候，顾客看到某件衣服，虽然款式好看，但由于价格较高，实在下不了决定。这个时候，如果旁边有一个二维码，顾客扫一扫，手机上就自动弹出一个视频，视频清晰地介绍这件衣服的设计思路、选材标准、裁缝过程及模特走秀效果，那么，顾客就会马上明白这件衣服的价值，然后，更加爽快地做出购买决定。

有的人会说："我店铺里有几百件衣服，那我岂不是要累倒？"

不会！因为顾客并不是面对任何衣服都犹豫不决。犹豫不决，往往是因为某件衣服的价格太贵，或者是面对两件类似的衣服不知如何选择。

换句话说，能够让顾客犹豫不决的产品，基本上都是比较优秀且价格偏高的产品。那么，你可以挑出店铺里的这些产品，然后参考上面的思路，设计一个二维码，为顾客提供更详细的介绍。

有的人依然会说："工作量还是太大了，店铺里人手不够啊。"

没关系，你挑选一款衣服就可以了。通过这一款衣服的测试，你会看到这个方法是否适合？是否对成交有帮助？是否有哪些细节需要优化？

现在，有很多果农都参考这个思路。每到水果丰收季节，他们就邀请顾客直接到果园采摘水果。果树上挂着一个二维码，顾客扫一扫，就可以看到这棵果树从播种、浇水、施肥到成熟的主要过程的视频。这样的视频，让顾客耳目一新，而且能够快速了解这颗树上的果实来之不易、物超所值。

现在，农民运用互联网思维，实现“互联网+农业”的成功例子非常多。

第五部分

做大

当你有了使命感，就想把事业做得更大。为此，你需要虚怀若谷，并且敢于借助各种平台或天才的力量。你会发现，最值得自豪的不是自己有多厉害，而是凭着真诚与信任，你能够快速邀请无数的天才与你共同创造奇迹。

第二十八章 合作营销

第128招 核心竞争力是一切合作的根基

我们身边有一些年轻人，无法专注自己的领域，整天到外面参加各种各样的应酬，以期整合各种资源，多年之后，蓦然回首，终无所得。

为何？因为一个没有核心竞争力的人，单纯靠见面和交流，难以获得别人的尊重和信任。即使能整合到一些资源，也是一些小资源；就算能整合到一些大资源，也会因为无法驾驭，而白白浪费。

与其虚度年华、浮夸处世，不如趁年轻，埋头苦干三五年，待核心能力练成，再寻合作机会。

当然，有时真的遇到千载难逢的机会，该合作时，还是要尽快合作。

然而，千载难逢的机会太少，整天守株待兔，并非良计。

一个敢于锁定一个积极的方向而艰苦奋斗的人，他的眼神都流露着奋发向上的光芒。这种眼神，可以感染每位有着同样奋斗热情的前辈。他们会从这样的眼神或气息中，看到他们年轻时的身影。

很多前辈很乐意问这样的年轻人："有哪些地方可以帮你？有哪些资源可以跟你共享？"

一个经过多年奋斗而有了自己的核心竞争力的人，走在各种场合，人们都会这样介绍他："这个人，在某某领域专注了足足多少年，难能可贵，他是这个领域真正的专家。"

瞬间，周围的人会对他刮目相看。

一个有着核心竞争力又懂得谦虚的人，会很受尊重和欢迎。因为他的出现，不会砸掉别人的饭碗，不会伤害别人的尊严。他时时懂得中道而行。他的出现，时常带着微笑、祝福、惊喜和商机。

为什么他的出现会带着种种商机？因为当一个人专注于一个领域多年，他就会看到这个领域无数的机会。当他跟别人分享这些机会的时候，那些有资源基础的人们，就会觉得这是商机。

这样的人才，就是名副其实的专家。这样的人才，就算他不整天出去应酬，也会有来自五湖四海的人登门请教，或通过网络请教。

所以，在互联网时代，合作的机会无处不在。关键在于，你是否有核心竞争力。

第129招 没有平台，谁愿意跟你合作

十几年前，我读大学时，有一位营销专家到我们学校演讲。她分享了一个观点：“你从现在开始，就认真地去经营一个博客。只要你锁定一个领域，研究三五年，每天坚持把这些研究成果分享到这个博客上，那么，几年之后，你将与众不同。”

现在回想起来，这位专家说得太正确了。事实就是这样！

这是一个多么简单的道理啊！可惜很多人无法做到。当然，有一些人做到了，他们专注一个领域不止三五年，而是十几年，并且坚持用博客分享最新的经验和心得。

国内的艾灸领域，有一位单老师，她研究艾灸几十年。十几年前，她开通了博客，从此一直坚持写博客。有时实在累时，她就邀请读者们分享艾灸经验或心得。

她的博客沉淀了十几年的努力，而且一直专注艾灸这个方向。

现在，我们在各大搜索引擎搜索艾灸相关的各种问题，都会发现她

的博客出现在首页。这就是沉淀的力量，这种沉淀，让一个小小的博客成为一个平台，这个平台凝聚了国内无数的艾灸爱好者。

看到“平台”两个字，很多人就想找借口：“整合资源，需要平台，我现在还没平台，所以，整合不了资源，谈不了合作，非常正常！”这是另一个极端。有的人不断地整合资源，有的人不断地逃避合作。

其实，当你把多年的专注和用心放在一个小小的网站上，这个小小的网站就有可能变成一个大大的平台。因为人们看到你在这个平台上的沉淀和努力，是无法颠覆的，无法复制的。所以，人们会对你的平台心怀敬畏。

当然，如果你有团队，有更多专业人才，或许你可以锁定一个方向，凝聚多人的劳动成果，很快就能打造一个专业的平台。

总而言之，无论你的平台是如何打造的，只要你的平台是正面而积极的，那么，当你与人谈合作时，你的平台将成为最好的背书。

第130招 底气内存，心存敬畏，自然而然

有人可能会问：“我已经在某个领域坚持了多年，也打造了自己的平台，为何跟人合作时举步维艰呢？”

这种情况，可能是因为下面的某一个原因：

1. 他不是真正地热爱这个领域。如果没有热爱，那么，他的产品或作品就无法触动心灵。

2. 他的平台没有经常更新，内容是多年前的，人们在这个平台找不到新东西。

3. 他的态度有点高傲或者咄咄逼人，人们对他敬而远之。

4. 他不愿意主动分享，喜欢占便宜。

5. 缘分未到。

其实，在互联网上创业或工作，每天都是修行。生意做到多大不是

最重要的，内心有没有不断地修炼和提升才是最重要的。

我们每天上班，坐在电脑前，通过电脑与顾客交流，通过电脑谈下重要的合作，通过电脑打造自己的平台，电脑是什么？电脑是我们的衣食父母！

所以，每天用电脑之前，先洗手；坐在电脑面前，要端正；敲键盘、移动显示器，要温柔；电脑脏了，要及时清洁。因为电脑是我们的衣食父母。

对待电脑如此，对待互联网更应该如此。

打开每个真善美的网站时，都要带着敬意。因为每个优秀网站的背后，都有一群天才在设计、维护、升级和保护。我们在网络上获得各种信息、资源或机会，都是因为有一群天才在不断地努力和分享。只是这种供给多了之后，我们忘记了背后人们付出的努力。

有时候不禁想：“我们怎么对待互联网，互联网就会怎么对待我们。”

有的人，进入互联网多年却一无所获，是不是因为对互联网缺乏敬畏？

我们与互联网的关系，本质上是我们与其他人的关系。我们对待互联网的态度，本质上是我们对待其他人的态度。

如果我们明白了这个关系，我们就会对互联网充满了敬畏，我们就会生活在感恩之中，我们就会珍惜在互联网上与顾客交流的每次机会，珍惜与其他公司或平台探讨合作的机会。这种珍惜，会流露在我们的一言一行之中。这种珍惜，会带给我们更多的启发或灵感。当我们把这种启发或灵感融汇于我们全新的创业之中时，人们会感受到你的与众不同。

一切合作机会，会因此变得自然而然。

第131招 合作，让你节省十年、二十年

有一次，我看了一本互联网方面的书，觉得这本书写得太好了。于是，我花了两千元请了一些微博达人，在微博上宣传、推广这本书。

过了两天，这本书的作者联系我，问："小兄弟，我们素未谋面，你为什么这么努力帮我推广这本书呢？"我回答："我认真阅读过您这本书，觉得这本书写得太好了，值得分享给更多的有缘人。"

他很感动。之后，他为我介绍了很多朋友。这些朋友是互联网领域和营销领域真正的"大咖"，包括国内最大的某些互联网公司的领导和某些很有影响力的协会的负责人等。另外，他也为我介绍了某些重要项目的合作机会。

我很感恩。

互联网上的缘分和合作机会无处不在，但只有真诚，才能遇见。

当然，有时候只有真诚也不一定能够遇见。有时候，我到某些大公

司谈合作，虽然这些公司的老板与我熟悉，但真正就某个项目坐下来探讨合作事宜时，这些公司的中层经理就会带着对抗性提出很多问题来阻碍整个合作项目的发展。

面对这样的情况，我会微微一笑对大家说："这些问题都很有意义，我们一个一个来探讨。"然后，我用十多年的互联网沉淀，用平等的心态为他们逐一解答。

在为他们解答的时候，我不会担心如果这个项目谈砸了，怎么办？

我始终认为：这些项目，合作与不合作是平等的。如果经过多年的沉淀，带着真诚的心态，依然无法谈成这个项目，那么，我们问心无愧。

后来，这些公司的项目都谈成了。

有些人经常会探讨一个问题："某位成功人士，他的财富是普通人的多少倍，难道，他的能力也是普通人的多少倍？"

其实，是这些成功人士凭借多年的努力和沉淀，用发自内心深处的诚恳谈下了一个个重要的合作。这些合作，一步步升华了他们的事业。

关于未来，我们还有很多地方要学习，还有很远的路要走。当我们在谈论成功人士的财富故事时，是否也应该静下来去感悟他们身上与众不同的特质呢？

第132招 打造平台，创造规则，成就别人

与人合作，最好的方式就是打造平台，创造规则，然后为别人提供机会，成就别人。这样，网络上的相关人才就会向这个平台靠拢。

有一个平台专门教 SEO 方法。这个平台的创始人分享了很多 SEO 经验和教程。一些用户学习了基础经验之后，就愿意付费购买更高端的教程，这个平台就用收到的费用发布更多高质量的外链。

影响排名最重要的因素，就是高质量的外链。这个平台购买高质量的外链之后，排名就更靠前，自然就有更多人来学习。越多人来学习，这个平台的收入就越多。收入越多，就可以发布更多高质量的外链。而且，所有学习者看到这个平台的排名效果这么好，都喜欢到这个平台分享原创文章。因此，就形成了一个良性循环。

网络营销的核心秘诀就是创造一个良性循环，而后，一切会自然而然。

当一个平台打造好之后，如果游戏规则设计得合情合理，平台上又有一定的资源和机会，那么，就会吸引越来越多的相关人才前来丰富这

个平台。

人们会渐渐忘记某个平台背后的创始人，而更加看重某个平台越来越丰富的资源和机会。当人们开始思考如何与某个平台合作时，对于平台而言，合作就变得轻而易举或更有主导权。

一般而言，人们对平台总是敬畏的，因为他们无法看清平台背后的技术壁垒或资源壁垒。

当一个平台蕴含着各种资源和机会时，人们会倾向于认为这个平台是善意的，而后，会更加热情地立足于这个平台，开始播种、耕耘，直到开花结果的那一天。

第二十九章 威客营销

第133招 发现每个细分领域的天才

一个互联网营销人的成熟，是从发现各个细分领域都有与众不同的天才开始的。

很多人都会经历年少轻狂的阶段，尤其是一些本身比较有才华或有能力的人。一开始，他们会认为自己已经很了不起，直到某一天，发现很多领域都有人做得比自己更加专业和出色，他们就会开始静下来思考，之前是不是有点孤芳自赏？

当一个人有了这种自省之心，他就会开始留意身边或网络上的各种天才。很快他就会发现，原来高手无处不在。

有一次，我见到一个乞丐坐在路边用毛笔写字。他没有手，用脚写字。我很震撼！一个人用脚写字，都能写得如此圆浑流畅、潇洒俊逸，实在令人敬佩。我请他帮我写四个字：“永不放弃。”他很乐意，一挥而就。我拿了两百元给他，以表敬意，然后，带着仍未平静的心情悄悄离开。

有很多年轻人，一直专注于某些细分领域，然后成了这些领域的专家。

有一位高中生，名字叫岳恩，一直研究音乐制作软件。有一次，他想帮我的原创音乐《梦回盛唐》重新编曲，编一个全新的版本。我说：“好啊，那真是太好了。”然后，他用一个星期完成了这个工作。

以前，我有一位员工擅长写作。他来面试的时候说：“我有一个特别的要求，我写作的时候，可能要喝酒。”我说：“可以。”他写出来的文章，大气而经典。

我有一位堂兄弟，读书不多，做过多个行业，一直没有突破。有一天，他看到朋友卖手机壳，生意不错，于是决定自己也试试。他不卖最火爆的那些手机品牌的手机壳，只锁定二、三线手机品牌的手机壳。一个手机壳赚一元。通过流量款带动利润款，月入十万元。

有一位小女孩，八岁，长得胖胖的，跟着父亲在湖南郴州东江景区门口卖枇杷。她父亲只是站在后面，全部买卖都是她一个人完成的。她有两个细节做得非常成功。第一，每有路人经过，她都会送一颗枇杷给人吃。第二，顾客蹲下来买枇杷的时候，她会帮顾客挑选枇杷，然后把枇杷上的枝摘掉。她的这两个动作感动了很多顾客。大家觉得："这个小女孩真诚、实在。"我在旁边观察了一个小时，发现顾客源源不断，每分钟都有人购买。

天才在哪里？天才就在我们身边。只是，当我们过于关注自身的优点时，就会忘记欣赏别人的天赋。

当我们开始用这种欣赏的眼光去看待网络上的一切人和事时，就会发现，原来互联网很美好，互联网很精彩。因为在每个角落，都有天赋异禀的人存在。他们的某些优点值得我们学习，他们的某些能力值得我们合作。与天才合作，我们将走得更快。

互联网为我们创造了这种机会，让我们可以方便地与各个领域的天才交流、互动和合作。

第134招 通过威客网用好国内庞大的威客资源

有时候，在外面参加一些活动或应酬，席间某些老总就会问起：“你的公司有多少人？”

很多传统企业的负责人，总喜欢问这样的问题。好像通过这样的问题，就可以判断对方是否已经成功、是否值得合作。

很多刚创业的年轻人，面对这样的问题时，总是很尴尬，有的谎报人数，有的干脆回答“我那不叫公司”。

其实，真正懂得互联网的人，聚会的时候，交流的问题往往是：“你们看到的互联网新机会是什么？你们调用的服务器有多少台？你们使用的正版软件有多少？你们合作的威客有多少人？”

所以，年轻人不要慌。如果你真正懂得互联网，大可微微一笑。

国内比较出名的威客平台有两个，一个是猪八戒网，另一个是三打哈网。猪八戒网是一个综合型的威客网，三打哈网是一个专业型的威客网，专注于宣传和推广领域。

当一个人明白了互联网的营销之道，知道从事互联网工作的使命就是创造高质量的内容、产品和服务以帮助更多人，那么，他的思路就是清晰的。关于企业的发展和未来，他知道什么阶段要做什么事情，什么事情要请什么人做，什么人做什么事情需要多少费用，多少费用投入之后大概能够收获多少。

这个时候，他的面前好像有一张清单，这张清单上的大部分工作都可以通过威客网外包给更加专业的人才去完成。

所以，对他而言，每天最重要的事情就是安排工作。因为大部分工作都可以外包，如网站设计、APP 制作、文案写作、视频制作、动画制作、美工设计、网络推广、广告语创作、活动设计或软件设计，等等。

有一些朋友，不但与国内的威客合作，还与国外的威客合作。他们知道哪些国家的威客擅长哪些技术，哪些国家的威客报价更加优惠。所以，他们放眼全球，与来自世界各地的人才合作。

第135招 发布威客任务的秘诀

当我们想通过威客平台与威客们合作时，需要发布工作任务。任务要求写得好，这个工作就会有很多威客抢着来完成。任务要求写得不好，这个任务发布几天后都没有一个人来完成。

所以，写好任务要求，是做好威客营销最重要的环节。

那么，任务要求应该怎样写呢？需要注意哪些细节呢？大家可以参考下面的这些建议：

1. 任务的标题，一定要清晰和明确，要介绍清楚这个任务是想请威客完成什么工作。

2. 任务的服务费，最好体现在标题中，如“写一篇500字的文章，得50元”。

3. 这类任务如果经常发布，那么，可以在标题的后面加上“第几期”。这样，威客就会对这类任务比较有信心。因为他们会想：“这类任务都发布了这么多期了，雇主应该是认真的，应该会及时审稿。”

4. 刚开始发布任务时，预算的费用不要太多，要先小额尝试。如果成功，再稳步增加。

5. 任务的要求要清晰明了，如“第一步做什么，第二步做什么，第三步做什么”。

6. 任务的要求要简单易懂，步骤不能太复杂。我们有时看到某些任务的要求写得非常复杂。这类要求，威客看后会敬而远之。他们会想：“才赚你两块钱，却弄得这么复杂。”

7. 任务要求要交代清楚威客如何交稿。

8. 添加附件之后，自己先试试附件能否顺利下载。

9. 威客交稿之后，雇主要及时审稿。

10. 与威客发生矛盾时，尽量礼让威客。

11. 有很多威客发现好雇主之后，会收藏他的任务主页，一旦发现这个雇主发布任务，会立即完成这项工作。

12. 相对而言，三打哈平台门槛低、上手快。

以前，我们发布的任务，如果威客交稿数量很多，我们来不及逐一审稿时，就会全部选为合格。然后，在下次发布任务时，就会在要求中加上一句：“我们希望找到诚信的威客长期合作，而我们相信，你就是诚信的威客。我们一般不会审稿，因为我们知道你一定会出色地完成这份工作。”后来，我们发现几乎没有威客作弊。我猜想，或许是威客们通过这段话，感受到了一种尊重。

第136招 通过淘宝找到合适的工作室

通过淘宝，我们可以找到很多优秀的工作室。它们有的专注图片设计，有的专注文案创作，有的专注视频制作，有的专注 APP 开发……

其实，在淘宝上寻找提供各种互联网服务的工作室，是一件非常快乐的事情。因为你有机会不断去了解最近的新事物、新技术和新服务。大部分卖家都比较负责任，与他们交流可以学到很多东西。

当你找到合适的工作室时，可以把他的店铺收藏起来，也可以加他为好友，方便日后更多深入的合作。

我经常在淘宝上寻找各种优秀的工作室，有很多收获。

有一次，我在其中一家工作室购买一个软件。看了这个软件的详情页，我觉得这个软件非常优秀。我就对卖家说："这是一个伟大的软件，这个创意太好了。为了表达我的敬意，我多付一倍价钱。"这个卖家很感动，他说："这是我做软件这么久以来，第一次有买家这么说，我不会让你失望，我要送给你更多高质量的软件。"

有一次，我请一个工作室帮我设计一张图片。卖家设计好之后，把图片发给我。我觉得图片的风格不适合，就给她提了几个建议。她有点纳闷，就说："我做了十几年图片，你要相信我的眼光。"我说："我也研究了十几年互联网，你也要相信我的眼光。"突然，她冷静了下来。经过几次交流和调整，她终于把图片完美地设计了出来。我给她多支付了一半的费用。我说："你愿意放下十几年美工的架子，参考我的建议，这一点值得表扬。你站在美工的角度，我站在营销的角度，而消费者站在中间，所以，我们的一切探讨没有针对谁，只是为了更好地服务顾客。"她欣然接受这个观点。

网络上的工作室有很多，有时候，我们可以很快就找到合适的工作室。有时候，需要不断地交流和探讨。总之，虽然我们是买家或雇主，但要尽量尊重对方。因为有尊重的地方，就会有感动发生。但是，我们也不能因为这种尊重，而忽略了我们的要求，因为我们自己更加了解这项工作的目的和意义。

第137招 与工作室合作必须注意的细节

网络上与我们团队合作过的工作室有一千多家，这些工作室来自很多领域。在很多关键时刻，这些工作室帮了我们很大的忙，因为他们各自专注一个细分领域，某些问题对我们而言是难题，对他们而言，却是轻而易举的事情。这就是合作的意义所在。

与工作室合作的时候，需要注意以下这些细节：

1. 一开始，合作费用越少越好。这样，更容易看出这个工作室的态度。

2. 问清楚完成某项工作大概需要多久，到时，看这个工作室有没有主动交稿。

3. 同一个任务，可以找几家工作室一起完成，从中找到最优秀的工作室。

4. 如果工作室的态度很好、效率很高，那么，可以考虑长期合作，但要争取更优惠的合作价格。

5. 合作几次之后，往往可以做到先完成任务再付费。

6. 尽量获得工作室的多种联系方式，以便某些情况下更加及时地沟通。

7. 有时间的时候，多搜索一下不同领域的工作室，多交流一下，以便需要的时候合作。

8. 有一些工作室，有时遇到经济困难，可能会提出“这个月合作的费用能否预先支付”这样的问题，如果是真实的且彼此间有足够的信任，则可量力而为。

9. 对于某些重要的工作室，如果你有大量的工作交给他们完成，则可提前告知他们接下来有可能合作的任务数量。这样，他们会更有热情，并且为你提供更优惠的价格，

第三十章 付费营销

第138招 把一切需要付费的推广方法罗列出来

很多人认为，付费营销就是指竞价排名和门户广告。其实，付费营销包括很多方面。

有的人认为，竞价排名是效果最好的营销方法。其实，当你了解了互联网的各种推广方法及付费营销的各个部分之后，你会发现：其实，最好的营销方法是创意组合营销。

我们需要找一个时间，把一切需要付费的推广方法都罗列出来，最好做成思维导图的形式，这样，就一目了然了。那么，我们可以从如下这些角度来思考：

1. 电商平台的付费广告包括哪些?

2. 社交平台的付费广告包括哪些?

3. 门户平台的付费广告包括哪些?

4. 搜索平台的付费广告包括哪些?

5. 有哪些工作可以付费交给工作室完成?

6. 有哪些工作可以付费交给威客完成?

7. 有哪些工作可以付费交给其他专家完成?

8. 网络上有哪些服务平台或辅助平台需要付费开通?

9. 哪些 APP 需要付费购买?

当我们把各种付费推广方法罗列出来之后，要做一个预估，比如，每种推广方法每个月大概需要花多少钱？投入产出比大概多少？是否是长远投资？哪些方法的性价比最高？

很快，我们的思路就清晰了。

第139招 如何把钱花在最合适的地方

很多企业的广告费或营销预算，都只是投给某一两种主流的付费推广渠道。但是，这些主流渠道的竞争非常剧烈，这会导致广告的转化率越来越低，广告的价格越来越高。最终，这些企业发现，辛苦赚的钱，都给了广告平台，自己的利润所剩无几。

为何？对各种网络营销方法认识的广度有限，制约了他们的广告投放策略。一个人，只有博采众长，才能在资金有限的情况下，非常清晰地知道每笔营销费用、应该用在哪些地方，而后才能打造一个良性循环。

在条件允许的情况下，企业应该做以下几种尝试：

1. 各种付费推广渠道都应该有所了解，这些推广渠道的官方网站都应该认真研究。

2. 找到使用这些推广方法的朋友，向他们请教相关的广告投放经验。

3. 在网络上找到相关的教程，更深一步地了解。

4. 各种付费推广方法，可以小额投入，尝试一下。

5. 有一些推广渠道，需要注册 VIP 账号才能进入网站后台了解各种功能，这方面，可以考虑向一些朋友借用 VIP 账号，自己先熟悉这些网站后台的各种功能。如果愿意跟别人分享你的宝贵资源，一般来说，别人也比较乐意与你分享。当然，有些网站的客服人员也愿意为你提供一些试用账号，但你要主动申请。

通过这些尝试，很快就发现：哪些付费推广方法不适合你使用，哪些付费推广方法比较适合你的兴趣和优势。这时，就可以重点研究最适合的付费推广方法了。

我有一个朋友，研究互联网十几年，他的团队只有 4 个人，他曾经每天投入 20 万元广告费，每天发几千单，利润可观。

我还有一个朋友，刚入互联网，一切都很陌生，在电商平台做服装生意，请了一位年轻的运营人才，4 个月的时间烧掉了 40 万元的广告费，亏得一塌糊涂，然后关掉店铺，继续回去摆地摊。

我还有一个朋友，擅长英语和互联网技术，花了一年的时间研究国外的广告平台，然后帮国外的一些公司负责广告投放，每个月收入颇丰。

通过这些例子，我们明白了一个道理：广告费是多还是少，关键看你怎么投；广告渠道是好还是不好，关键看你是否有丰富的经验。

同样的广告费，在不同人的手里会有不同的效果。

有的朋友从来不投付费广告平台，他们只付费给威客或工作室，用长远心，长期分享一些对客户有价值的高质量内容，也获益颇丰。

所以，当你想做付费营销的时候，先冷静下来，把整个思路理清楚，找到最合适的模式方可出手。

第140招 找到转化率最高的付费组合

真正的互联网营销高手，往往擅长各种组合营销方法。他们非常清晰地知道什么时候该使用什么付费营销方法、什么时候哪种方法必须结合另一种方法。他们能把有限的广告费用出最好的效果。这样的营销人才是最难得的，也是市场上最缺的。

有一次，我去某个大公司拜访一位老板。这位老板很高兴，邀请公司营销部的几位年轻经理过来交流、探讨。

其中一位负责 SNS 的经理说："现在最好的推广方法，就是在社交网络做视频广告，其他方法都是失败的。"

我就说："没有哪一种方法是唯一成功的、最好的，每一种方法都有优势和劣势。如果一定要选一种最好的，那么，它不是某一种方法，而是某几种方法组合。"

这位经理听后愤愤不平，埋怨数句之后，不欢离场。

某些年轻人，总以为自己负责的某项工作是最神圣的，最不可替代的。事实上，互联网博大精深，包罗万象。每种看似普通的方法，用到极致，都能创造奇迹。

有一位80后女生，在三十多个网络电台平台开通了自己的电台栏目，没有投放一分钱广告，只是埋头做高质量的节目，月入十几万元。

有一位85后男生，设计了一套卡通表情，提交并分享到某个大平台，两个月的时间，这些表情的下载量达数百万次。后期，他推出了这个卡通形象的衍生产品，并授权给一些公司负责销售，收入颇丰。

有一位70后前辈，研究某平台的竞价排名三年，总结出一套独特的投放方法。他开了多个店铺，经营不同的产品，每个店铺经营一款性价比最高的产品（大方向锁定母婴产品），将标题和详情页优化到极致，付费广告的点击率优化到极致，每次点击的价格为0.1元左右，每天发货1000多单。

有一位80后男生，团队二十人左右，经营无叶风扇。他们在国内几个电商平台开店，每天投放电商平台的竞价排名广告和站外的SNS广告，每天营业额四五十万元。

从上面这些例子中可以看出，每种推广方法，无论是免费还是付费，都有人做得很成功；无论是单一方法还是组合方法，都有人收获颇丰。

所以，放下架子，放下偏见，用全新的热情，仔细去研究各种营销方法，然后尽快找到自己最有兴趣且最具优势的营销方法组合，才是最重要的事情。

第141招 通过付费广告传播高质量价值

很多人认为：既然付费做广告，那么，就应该直接投放硬广。

这种思路有道理吗？有道理！但是，大家都这么想，所以竞争激烈。竞争一激烈，效果就会降低。网络上，有一些营销专家却反其道而行之。他们偏偏不投放硬广，他们只投放软广。

有一位朋友写了一本营销类的电子书，免费送给营销人才。为了更好地赠送，他找到了营销领域和业务员领域最有影响力的网站，在上面购买了广告位，长期推广这本电子书。广告标题经常更换，下面是几个例子：

1. “一位有二十年营销经验的老业务员，想对你说”

2. “很多人看了这本营销秘籍，从此……”

3. “如果五年前就看到这本营销秘籍，现在早就……”

4. “免费赠送：二十年营销心得”

也就是说，这个朋友付费推广一本免费的电子书，书上留有网络联系方式，很多人阅读此书后，会很乐意加他为好友，因为他的电子书带给了大家启发。而这些读者都比较精准，因为他投放广告时，选择的都是营销类的论坛或博客。

网民在网络上看到各种广告时，第一感觉就是：这是广告，可能要让我付费购买。

上面这个例子，这个作者推广这本电子书是免费本，不需要你购买。因此，网民瞬间会觉得这个广告与其他广告不同。

当一个广告在正确的时间出现在一个正确的网站，刚好被一群正确的网民看到，而且不需要付费就可以获得里面的高质量价值时，点击率就上来了，认同感就出现了。有了认同感，后面更多的合作机会就变成了可能。

第142招 通过付费广告解答更多精准问题

顾客点击了你的广告链接，来到了你的店铺，跟你的客服开始对话时，他们不一定是想购买，他们很可能是想咨询。

这就好比顾客的左脚迈进了你店铺的门槛，右脚还在门外。为何？因为顾客心想："如果我的咨询得不到满意的答案，我就要离开。"

然而，很多店铺只对顾客的购买有兴趣，对顾客的咨询没兴趣。

所以，很多顾客来了又走。为何？因为他们没有找到答案。要知道，任何一个细分领域，都有足够多的竞争者。这个世界上商品太多了，而答案则太少了。

很多商家准备了满满的商品，却没有准备好顾客想了解的各种答案。

所以，从更深的层面思考，付费广告的意义其实是更加方便地为顾客解答更多精准问题。

然而，很多商家却想："我们这么辛苦，投入了这么多广告费，顾客来了不直接购买，这样的顾客，再多何用？"

其实，顾客的问题是伴随着购买决策的。他得到了满意的解答，就可能会购买。他今天不购买，明天也可能购买。

很多商家只看重购买行为，而忽视问答行为，顾客来了，三言两语解答，心想“要买就买，不买走人”。

当我们认真为顾客解答各种问题时，每天的流量哪怕不是很多，但转化率会很高。因为顾客很少遇到这样认真和负责的商家。顾客会认为：“这样的商家，才是把我当朋友。”

这样的商家，很多顾客都愿意跟他成为朋友。成为朋友的意义是什么？就是为朋友解答更多的问题，为朋友提供更多的帮忙。而后面更多的购买行为就是水到渠成了。

如果抱着这样的心态经商，则海阔天空，一切自然而然。

第三十一章 客服营销

第141招 客服是提高转化率的关键

客服工作的好坏，直接影响网络营销工作的成效。客服工作，虽在网络营销过程的后端，却决定着后期网络营销工作的调整和规划。因为客服转化率高，公司利润多了，后期的营销费用自然就充足；客服转化率低，公司利润少了，后期的营销工作就捉襟见肘。

有的公司领导不重视客服，他们比较重视前端的推广人员，因而客服的底薪非常低。

客服由于收入没保障，缺乏安全感，因而在与潜在顾客交流时，有时就显得缺乏人情味，总希望顾客马上成交。

顾客不理那么多，顾客会直接认为这家公司眼里只有钱，没有真正地关心顾客，所以，一走了之。

因此，形成一个恶性循环。

要改善客服的工作情况，必须从上面的每个环节注入关爱和正能量。

前端的推广和后端的客服，就像企业的两只手。作为公司负责人，不能偏爱左手而蔑视右手。企业在制定客服薪酬奖励制度时，不应该只以业绩作为唯一的考核标准，而应该更重视客服是否真正热爱产品、是否真正熟悉行业、是否真正关心顾客、是否真正传递公司的精神和文化给顾客，等等。

有一次，我和妻子去中国香港迪士尼旅游，那天傍晚 6 点，原本答应要来接我们的旅游车并没有准时到达。我们在迪士尼门口一直等着，等到 7 点，车依然未到。这个时候，一位 25 岁左右的迪士尼男员工微笑着向我们走来，寒暄数句之后，他说："你们在等旅游公司的车吗？如果司机答应你们 6 点要到的，现在 7 点了还未到，那么，估计这个司机就不来了。你们不用担心，你们现在是在迪士尼门口，待会如果你们还是没有等到车，请随时跟我们联系，我们会帮你们联系相关事宜。"

那一刻，我们很感动。我不知道是迪士尼的工作人员都这么关心顾客，还是我很幸运刚好遇到一位优秀的服务人员，反正，以后，我自己及我公司的员工，都应该这样真诚地对待顾客。

这位年轻人虽然不是上面所说的网络客服，但是，他对顾客的态度，却值得每位客服人员学习。

一般来说，这种对别人的关爱，往往是自上而下的。公司领导关心经理，经理就关心员工，员工就关心顾客。

所以，当公司的客服工作出现问题时，如果你是领导，你应该先想想自己有没有发自内心地关心员工。

这种关心，不是虚情假意，也不是虚张声势，更不是表面文章。关心，发生在工作中的点点滴滴。

我大学刚毕业时，有幸进入了一个上市公司工作。这家公司的老板是蒲总。蒲总很关心员工，有一次，他从我身边匆匆走过，然后又突然转过身来，走到我面前，说："阿雅，领带是这样系的，来，看看，我示范给你看。"

又有一次，我去电脑城看电脑，蒲总刚好也去了电脑城。他看到我在看电脑，就说："阿雅，你想买笔记本吗？你刚毕业，不用买了，我有一台笔记本，送给你吧。明天我就送给你。"

蒲总的故事对我启发很大，蒲总的身上似乎有一种永不磨灭的正能量。他把这种正能量真诚而又自然地传递给每位员工。很多年之后，很多员工，无论是继续跟着他，还是独立出来创业，谈起蒲总的为人处世时，都深表敬佩。

第144招 客服工作需要高层智慧的引导和把关

真诚的领导，带出真诚的客服团队。急躁的领导，带出急躁的客服团队。

客服人员，每天要面对很多人。这些人，有的温和，有的暴躁，有的冷漠寡言，有的口出恶语。客服人员如果没有强大的心理素质，每天面对不同的情况，可能就会忘记最本质的东西——真诚、耐心和细心。

一个公司的客服工作，如果陷入了恶性循环，而领导又没有意识到根源是自己缺乏关爱时，客服团队就可能会变成一盘散沙，他们想怎么反应就怎么反应。

所以，客服工作需要高层智慧的注入和把关。

有一位朋友，李总，他规定公司每位员工每个月可以领取50元的水果费。员工们可以用这个费用来买水果，水果可以带回家，也可以带到公司，公司提供冰箱给大家使用。

李总一直告诉客服团队："我们的发展战略是慢。我们真的不用急，因为急不来。顾客咨询的问题，我们要一个个解答清楚，不追求快，不追求数量。”

有一次，我请李总吃饭。李总跟我分享了一个故事。他说：“公司的某个客服在重要场合说错了一句话，却没有意识到问题所在，而且当时气头正盛。我一直想找机会跟她说。为了找这个机会，我等了三个月。三个月后，我跟她说时，她欣然接受了我的建议。”

有一次，李总开车带我去参观国内某个大互联网公司的服务器机房。车上，我看到李总的手机短信一直在提示“某某人通过什么银行转入多少钱到您的公司账户”。我就跟李总说：“哇，李总，您的生意做得真成功。”李总回答：“这个没什么，最重要的是要把你的真诚和思想分享给你的员工。”

李总公司客服团队的每句销售话术，李总都要把关，最少要看一遍，以了解这些销售话术是否符合中国传统文化，是否真诚，是否为顾客着想。

有一次，我问李总：“您为什么能够这么淡定地把事情做得这么圆满？”

李总回答：“说实话，我也不知道很多人整天匆匆忙忙，究竟是赶着要去哪里？”

第145招 销售话术的设计方法和技巧

好的销售话术，让顾客心生敬意。不好的销售话术，让顾客口出恶语。

销售的成败，话术至关重要。对于真正优秀的专家而言，他的营销，并不需要话术。因为他的一言一行，都发自内心深处，符合真善美，符合心灵之道。所以，他不需要刻意去思考如何讲好每句话，也不需要去设计一套话术体系以提高销售转化率。因为对他而言，这位顾客，今天买还是不买，是平等的；今天买得多还是买得少，是平等的；今天买还是明天买，也是平等的。他的内心是温和的、平衡的，他不会强求。他只会分享他的真善美和专业经验，以帮助更多顾客。

然而，对于一个销售团队而言，并非人人都会有如此觉悟。很多人要生活，有追求，有目标，而且基础薄弱，他们需要在与顾客交流时，有一套可以参考或者直接使用的对话模板，这套模板就是销售话术。

总而言之，只要销售话术是出自真善美之心，出于想帮助更多客户的目的，那么，这套话术就值得被参考、使用或推广。

那么，设计销售话术时，我们有哪些方法或技巧可以参考呢？

1. 大家可以关注一个网站——句子迷。这个网站收录了很多名人的经典语录。这些语录，很多都深刻、经典，值得我们细细体会。然后，我们可以学到如何把一句话表达得更加精练。

2. 销售话术最好由公司创始人或有经验的领导者来写。如果他们实在太忙，也可以只写一些例子，让客服们参考。

3. 每个回答，字数不宜太长或太短，100 字左右最好。

4. 写销售话术的时候，内心要先平静下来，这样写出来的销售话术比较温和，而且富有人情味。

5. 销售话术要逻辑清晰，如果内容较多，可以用一二三分段进行标示。

6. 某些问题的答案，最好附上清晰的图片。

7. 某些不知如何回答的问题，可以用合适的表情代替。

8. 专业内容占 70%，关怀内容占 20%，心灵或哲理内容占 10%。

9. 组织会议，邀请优秀客服分享经验。

10. 给客服人员更多权限，如价格优惠、赠送礼物、延长服务期限等。

11. 没有顾客咨询时，让客服完善销售话术。

12. 要制订一个销售话术完善计划，定期进行完善。

13. 进行最精彩销售话术的评选，奖励前三名。

14. 每个月买 3 本客服类或营销类的经典书籍，让每个客服阅读学习。月底组织读书分享交流会。每个人结合实际工作，分享读书心得。

15. 学习同行的优秀销售话术。

16. 销售话术的分类，要详细而清晰。

第146招

手机客服软件的选用和使用秘诀

电脑上的客服软件有很多，某些大型的电商平台本身就提供了专业的客服软件。然而，手机上的客服软件却很少。

这里，我们分享安卓系统中的一款客服软件。这款软件，原本是剪贴板软件，但我们可以用它来做客服辅助软件。这款软件名为Clipper。

Clipper是免费的，通过360应用市场就可以找到。对于使用安卓手机与顾客交流的客服而言，Clipper给他们带来了非常大的方便。

例如，客服编写了一段非常经典的内容回复客户的问题。那么，这段内容，如何被多次使用呢？打开Clipper，复制这段内容，就自动化保存到Clipper当中了。

下次需要调用这段内容时，只需要用手指从手机屏幕顶部往下拉，点击顶部的Clipper，输入某个关键词，这段内容就出来了。然后，只需轻轻一点，这段内容就自动复制，打开与客户互动的对话框，粘贴就可以了。

Clipper支持内容分类，也支持内容排序，可以修改、删除或复制。

Clipper最重要的使用秘诀，就是安装一个同步插件，这样，多台安卓手机之间的销售话术，就可以通过Clipper进行同步了。

当这些经典的销售话术可以保存起来，并与多台手机同步，而且下次调用时又非常方便，那么，客服们就更愿意花时间和精力去完善这些话术，因为这些工作的价值将被最大化。

第147招 一个月让客服团队的业绩提升一倍

很多年前，有一个公司邀请我做它们的互联网营销顾问，它们的要求是：把这个月的营业额从50万元提升到100万元。

我花了几天时间，观察这个公司的各个网站、各种营销环节和推广环节，都没有发现很明显的不足。突然有一天，这个公司的其中一个客服抱怨："这个月的电话费又不够了，向公司申请电话费，不知道什么时候才能批下来。"

我恍然大悟。这个公司网络营销的各个环节都设计得挺好，就是老板比较吝啬，尤其是对客服团队，50元的电话费需要半个月才能批下来。

我马上告诉这个团队的8个客服："我先给你们每个人充200元电话费，不够再跟我说。"大家很惊喜。

接着，我又告诉他们："这个月，业绩第一名的同事，奖励一台iPad；第二名的同事，奖励一台相机；第三名的同事，奖励一个移动硬盘。"

客服们都感到很震撼！他们说："这个公司有史以来，都未曾有过这样的奖励。”

于是，在接下来的 20 多天中，每个客服都非常投入，他们都拿出从未有过的工作热情，奇迹般地把那个月的业绩做到 99 万元。

这个公司的老板说：“能做到 99 万元，已经很不简单了，这个目标已经达成了。”

后来，这个客服团队的销售冠军跟我说：“其实，我们并不是为了这些奖励而努力，我们是为你而努力，因为你给了我们在这个团队里从来没有感受过的尊重。”

第三十二章 组合营销

第148招 每种方法用到极致，都能创造奇迹

很多年前，我刚开始研究互联网的时候，发现国内某个非常重要的论坛平台中有很多经典帖子，我也想跟大家分享一些精彩的内容。大学期间，我阅读了很多互联网类和营销类的书籍，当时我用电脑记录了很多心得。我在这个论坛上，找到【创业路上】这个板块，然后开始发帖，把大学期间记录的读书心得分享出来。由于一篇帖子的字数有限制，所以，主帖 2000 字，剩下的内容全部作为回帖。

那天早上 6 点，我开始手工发帖，发到 2000 个回帖时，右手酸软，

无法继续发布，那时已是中午12点。我就到附近的大学校园跑步。我在操场里跑了两圈，双手放松。中午吃了午餐后，我继续发回帖，发到傍晚6点时，右手又酸软，无法继续发布。于是，我又到附近的大学校园跑步，然后在饭堂吃晚饭，晚上回到宿舍继续回帖。当天，我共发了5000个回帖，终于把大学期间所有的读书心得分享完毕。

那天晚上11点，这个论坛（国内最有影响力的三大论坛之一）的负责人打电话给我，说："小兄弟，既然你这么支持我们的论坛，我们邀请你担当这个版块的版主。"

当了版主之后，我很快认识了国内最早的一批电商"大咖"，与他们交流，我又学到了很多经验。

这个故事告诉我们，很小的一个细节、很小的一个工作，如果它对别人是有价值的，并且你能够真正地坚持，那么，就有可能创造奇迹。哪怕这个奇迹很小，但它或许将成为你创造更大奇迹的起点。

有一个朋友，网名叫嗨皮哥，他每天坚持创作一幅漫画，并配上精彩的原创段子，一年下来，他创作了很多作品，并且推出了两本漫画著作。

有一个朋友，每天坚持收集他所生活的那个城市最重要的新闻，并且接受大家的投稿，一年下来，他的公众号已经成为这个城市最有影响力的公众号之一。

有一个朋友，每天坚持去逛街，到每个服装店去看各种服装，然后通过手机加销售员为好友，一年下来，她已经加了 2000 多位专业的销售员为好友，她在网络上推出自己品牌的服装，然后通过这些销售员分享出去，营销效果非常好。

网络上有各种各样的推广方法和营销方法，每一种方法都有它的效果和意义。只是很多人喜欢随波逐流，舍此逐彼，换来换去，未曾一门深入，于是一无所获。

年轻的时候，大部分真善美的营销方法我们都可以学习和了解，然后找到自己最擅长的方法，一门深入，专注一年、三年、五年甚至十年，或许就能够成为这个领域的专家，创造意想不到的营销奇迹。

第149招 找到最喜欢和最有优势的营销方法

互联网上，营销方法有很多，纷繁复杂，包罗万象。

一个人，如果一开始接触了某种方法，就彻底放弃了其他方法，那么，他可能就会陷入一种局限之中，他会觉得自己用的方法是最好的，而其他的方法都不值一提。

一个人，如果一直追逐各种最新的方法，而忽视专注某些主要的方法，就有可能舍本逐末，舍此逐彼，无法形成沉淀，无法对某些核心方法融会贯通。

所以，上述两种模式都走了一个极端。

研究营销方法，最重要的是平衡。这个平衡包括营销人内在的平衡与外在的平衡。

内在的平衡是指博采众长，而后选定方向，专注某几种核心方法，这样，广度和深度达到平衡。

外在的平衡是指自己负责最核心或最擅长的方法，其他配套的方法外包给专业的团队负责。

有的人会问：“既然最终还是要专注某几种方法，为何一开始要了解更多的方法呢？”

因为如果你不了解，那么，你就不知道哪些方法更适合你的特点，哪些方法你更具优势，哪些方法更值得坚持，哪些方法的转化率更高。

如果你不了解，那么，你可能会看不起其他方法的专家，你会看不懂其他方法与核心方法之间相辅相成的关系。

在工作中，我们经常会发现这样的情况：某些工作室不愿意接某些公司的外包订单。

为什么呢？因为某些公司的负责人自以为是，看不起某些推广方法，又或者是对某些推广方法寄予太高的期望，以为投入一百元就一定能赚到两百元。这种学识和经验上的局限，会导致这些公司与营销外包团队合作时陷入困局。

简单来说，这就是综合素质与一技之长之间的关系。如果你有一技之长，你的综合素质将发挥得更好。如果你有综合素质，你会更加尊重合作伙伴的一技之长。

什么是最好的营销方法？对于个人而言，你最喜欢和最具优势的方法就是最好的营销方法。

有的人喜欢写文章，有的人喜欢做图片，有的人喜欢拍视频，有的人喜欢直播，有的人喜欢付费推广，有的人喜欢外包，有的人喜欢合作。

找到自己最喜欢的方法，执行起来就更有激情。

然而，有时候，自己喜欢的方法，却不一定具备优势。例如，你喜欢动画营销，但却无从下手。那么，就有可能找具备这种优势的平台或人才来帮你完成。

一个互联网营销人，如果能够找到自己喜欢又具备优势的营销方法，那是很幸运的。

第150招 设计好网络营销的游戏规则

当你在网络营销领域沉淀久了，你管理的工作可能会越来越多，但要做的事情可能越来越少。你可能会把大部分工作交给更多专业人才去完成，而你要做的，是最核心的工作，那就是设计网络营销工作的游戏规则。

例如，要做表情营销，那么，表情的设计和动作的设计，可能会交给美工负责，但是，表情的文字内容、表情的整体风格（幽默、调皮、日常或专业等）、表情的完成时限、表情完成后的推广方向等或许需要你来负责。因为作为整个营销团队的负责人，你更加清楚这些核心的内容。

例如，要写文案，那么，文案的写作，可能会交给威客或工作室负责，但是，文案的风格、文案的笔法、文案的长短、文案完成的时限、文案的报酬、文案的交稿方式等或许需要你来负责。

例如，要提升客服转化率，那么，销售话术可能会交给客服负责，但是，销售话术的样板、销售话术的字数规定、销售话术的分类、销售话术的风格等或许需要你来负责。

总而言之，网络营销工作大部分都可以交给员工或外部合作团队来完成。但是，最核心的工作，我们把它称为游戏规则的设计工作，或许就需要你来负责。

看到这里，你或许就明白，为何刚开始学习互联网营销时需要博采众长？因为终有一天，你可能会成为整个公司或项目的负责人，你需要清晰地指导整个营销团队的分工和工作，靠一点小见识或小绝招是无法服众的。那时，需要深厚的底蕴。

我有一个同学是国内某个大游戏公司的技术总监，管理着 200 多名技术人才，这些人才来自全国各地的名牌大学，而他只是一个普通学校毕业的大专生。但是，他高中时就开始研究游戏的设计，直到今天，他研究游戏的设计技术已近 15 年。他几乎把游戏设计的各个主要环节的相关技术都研究过。所以，大家都对他很尊重。因为他有精湛的研究、清晰的思路，他知道最重要的游戏规则是什么。

第三十三章 自动化营销

第151招 90%的网络营销工作都可以实现自动化

有一些网络营销人员，有时候放弃手上的某些工作，是因为某些工作看似简单，却毫无创意，不断重复，让人觉得疲倦。

其实，如果我们把网络营销工作进行细化，就会发现，90%的工作都可以实现自动化。

我们在电脑上的各种操作，几乎都离不开键盘和鼠标，那么，如果有一款键盘和鼠标的录制软件，我们就可能节省很多时间。

所以，在思考电脑上的工作如何实现自动化时，就要思考如下两个问题：

1. 这个工作如何细分为可以自动化重复的步骤？

2. 如何找到一个优秀的鼠标键盘录制软件？

这里先来探讨第一个问题。有时，我们在电脑上做某一样工作，做多了就养成了习惯，养成了习惯，就会变得越来越快。越快，我们就越容易忽略这个工作具体需要经过多少个环节才能完成。

所以，要研究自动化营销，第一步是先慢下来。因为只有慢下来，才能够看清楚整个工作需要哪些环节；然后，把每个环节分开，或者记录在笔记簿上。

然后，我们认真去看，哪些环节的操作是重复的（包括点击的位置、移动的距离、保持的时间、输入的网址、输入的文字或复制的内容等）。

那么，这些步骤就可以借助鼠标键盘录制软件实现自动化完成。

第152招 一个精准的鼠标键盘录制软件

鼠标键盘录制软件，是能够记录鼠标行为和键盘行为的软件。也就是说，你的鼠标怎么操作，它就怎么操作；你的键盘输入什么信息，它就输入什么信息。

这种软件，网络上有很多选择。这里主要介绍REMOUSE这款软件。

REMOUSE是一款非常精准的录制软件。精准非常重要。当你接触的鼠标键盘录制软件多了之后，你就会发现，很多软件一开始是精准的，但重复几次之后，就开始偏离。例如，本来要点击左上角的，它却跑去点击右上角。这样，就导致整个环节无法按照你原先的方式完整地、精确地重复完成。

所以，对于一款鼠标键盘录制软件而言，精准是最重要的。

REMOUSE是国外的一款软件，有试用版和付费版。试用版是免费的，付费版大概需要60元。试用版可以设定录制的动作重复3次，结束后，再单击开始，又可以重复3次，以此类推。付费版的重复次数没有限制。付费版录制的动作，可以用快捷方式保存到桌面，单击这个快捷方式，REMOUSE 就会自动化地完成你前面录制的动作。

REMOUSE 的操作非常简单，常用的按钮有 5 个。

1. 录制按钮：单击这个按钮之后，REMOUSE 就会记录键盘和鼠标的操作行为。再单击一下这个按钮，它就会暂停。暂停之后再单击，就会继续录制。

2. 播放按钮：单击这个按钮之后，它就会自动重复刚才在电脑上操作的行为，操作完成后，再单击一次，就会继续重复。

3. 快捷键设置：可以设置录制和播放的快捷键，这一点非常重要。

4. 重复的次数：免费版最多可以设置重复 3 次，结束后，可以继续重复 3 次。付费版没有限制。

5. 重复的速度：数值设置越大，重复的速度越快。

使用 REMOUSE，最重要的秘诀是“慢慢来”。当你知道某个步骤是可以重复的，那么，在使用 REMOUSE 录制这个动作时，越慢越好。因为后面播放时，速度是可以调整的。录制时，动作越慢，单击的位置就越精准，REMOUSE 在重复你的动作时，就越稳定。

年轻人比较喜欢追求快速，感觉越快越有成就感。然而，在使用 REMOUSE 时，慢成了最重要的秘诀。

第153招 自动化发帖，节省人力

网络营销人员，每天要面对的最基础的工作就是发帖。假如整个网络营销工作是一栋大厦的话，那么，发帖就是地基。

发帖包括三个因素：发什么内容、发到什么平台、如何发。

帖子的内容，一定要真善美，一定要围绕着产品、品牌或服务，分享一些对大家有帮助的信息。

发帖的平台包括内部平台和外部平台。内部平台是指公司自建的平台，外部平台是指其他公司创建的分享平台，如自媒体、博客、论坛等。

如何发包括 3 种主要方式：自己发、别人发或软件发。发帖，一定要做到合情合理。发帖时，要尊重每个平台的规则。这样，你的帖子将更受这些平台和用户的欢迎。

接下来，我们探讨一下借助 REMOUSE 自动化发帖到自己网站的方法。

比如，今天你写了 4 篇文章，想把这 4 篇文章都发到自己的网站上。

你手工发了1篇，后面的3篇想借助REMOUSE来发布，那么，基本流程如下：

1. 在手工发布第一篇之前，单击“录制”按钮。

2. 第一篇发布完成，单击“结束”按钮。

3. 单击“播放”按钮，刚才的动作就会自动重复。

那么，这个时候，你可能会问：“如果REMOUSE重复刚才的动作，那岂不是重复发了第一篇文章？”这个问题困扰了很多人。其实，解决的方法很简单。需要注意几点：

1. 文章的标题和内容、排版的格式一定要工整。

2. 比如，4篇文章都放在同一个TXT文档中，那么，所有标题全部左对齐，前面不留空格。在选择标题时，不用复制按钮，而用剪切按钮。

3. 打开自己的网站发帖的页面，在标题栏粘贴标题。

4. 每篇文章的内容，可以按照常规的方法排版，比如第一行空两格。选择文章内容时，单击TXT左上角最靠左的位置，然后按住Shift键，单击文章右下角最右边的位置，进行剪切。

5. 打开自己的网站发帖的页面，在内容栏中粘贴内容。

6. 单击“发帖”按钮。

7. 把TXT文档第二篇文章标题之前的所有空白、空格清除，确保第二篇文章的标题出现在 TXT 文档第一行最左边的位置。

8. 这时，你会发现，第二篇文章的排版位置和格式与第一篇文章是一样的。

9. 单击“结束录制”按钮。

10. 单击“播放”按钮，REMOUSE 就会自动化地重复刚才的动作，把后面的 3 篇帖子逐一发到你的网站。

11. 需要注意的是，尽量让每一篇文章的字数差不多。

12. 如果每篇文章的字数相差太多，也可以考虑把文章的标题和内容放在 Excel 中，比如，第一列全部放标题，第二列全部放内容。选择标题或内容时，只需要单击对应的方框，复制方框中的内容就可以了。

第154招 自动化保存图片，方便整理和学习

有时，我们在网络上研究大量的创意图片或营销图片，看到经典的图片要保存下来。如果只有几张，手工单击保存即可。但是，假如每天都要研究大量的图片，每天都要保存大量的图片，那么，我们手工操作就会很累。这时，就可以考虑借助REMOUSE来自动化实现这个过程。

例如，我们打开某个搜索引擎，单击图片搜索，输入广告创意，然后看到很多创意图片。单击打开某一张图片，左边有一个向左的按钮，单击此按钮就跳到前面的那张图片；右边有一个向右的按钮，单击此按钮就跳到后面的那张图片。假如我们看到某张创意图片非常经典，想保存下来好好研究和学习，就可以单击鼠标右键，在弹出的快捷菜单中选择“图片另存为”命令，保存到本地电脑的某一个文件夹。

这个过程可以借助REMOUSE自动化完成。

1. 单击录制按钮，开始录制。

2. 将鼠标移到图片的中间，单击鼠标右键，在弹出的快捷菜单中选择“另存为”命令，保存到某个文件夹中。

3. 单击右边向右的按钮，跳转到下一张图片。

4. 单击结束录制按钮。

之后，当我们看到其他图片时，只需要轻轻单击一下播放按钮，REMOUSE 就会自动重复刚才的过程。对于我们而言，几个步骤就变成了一个步骤。需要注意的是，REMOUSE 的各种按钮的操作，最好都设置对应的快捷键，这样更加方便。

这些细致的工作，是研究鼠标键盘自动化的入门，当这些基本操作熟悉之后，再遇到更复杂的网络营销工作时，你就会自动分析哪个环节可以实现自动化。

任何一个小软件用到极致，都能够创造巨大的效益。

第155招 自动化批量打开多个网页

360 浏览器的顶部有一个网址收藏夹。收藏夹可以通过创建文件夹进行分类。在某个文件夹上单击鼠标右键，在弹出的快捷菜单中选择【打开全部】命令，360 浏览器会自动打开该文件夹中的所有网址。

这个功能，看似简单，却有很多妙用。

例子一：你收藏了 20 篇经典文章，某一天，你想找到某篇文章，或者复习这些文章时，只需要执行【打开全部】命令，这 20 篇文章就会全部打开。

例子二：你们公司有 5 个网站，每个网站都有发帖的版块，你把每个网站发帖的页面统一收藏到同一个文件夹，某一天，你想发布一个优惠活动，你只需要执行【打开全部】命令，这 5 个网站的发帖页面就会全部打开。

例子三：在你的领域里，你找到了 10 个经营得非常成功的电商店铺，这些都是你的榜样，你把这些店铺都收藏到同一个文件夹，某一天，你想看看这 10 个店铺最近都举办了什么活动，只需要执行【打开全部】命令，这 10 个店铺的网站就会全部打开。

这个打开全部网址的过程，也是自动化的过程。

网络上的很多平台、软件、工具都能够帮我们实现某一部分工作的自动化。平时，要多留意各种大平台或者常用工具自带的自动化功能。熟悉了这些功能，网络营销工作就可以变得更加轻松。

自动化也是一种思维模式。当我们经常思考某些工作能不能实现自动化，以及如何实现自动化时，就进入了更深层面的研究。开始优化工作步骤，借助更多的平台、工具、技术来优化这些工作步骤。当实现了某些工作的自动化，就有了更多的时间，运用这些被节省出来的时间，可以更加深入地去专注我们更加感兴趣或者更加擅长的核心工作。这样，在互联网上，我们将可以创造更多的价值。

第六部分
走远

一生所求何事？无非修己安人。与品牌相约，与惊喜同在，与天才齐行，百年坚守，信念永存。每天都是全新的，只因你不断地告别过去，安住当下。当你有一个伟大的梦想时，你的互联网创业之路将为星光所照耀。

第三十四章 创意营销

第156招 认真观察和研究十万张营销图片

当你选择了一个优秀的创业方向，如果你要成为这个领域的专家，那么，观察和研究这个领域相关的营销图片和创意图片，是最好的捷径。

如果你选择的行业足够大，那么，网络上早就有与这个行业相关的各种营销图片和创意图片，这些图片值得你珍惜和研究。你研究的图片越多，收获的经验就越多。

如果你开始研究前辈们设计的营销图片或创意图片，那么，你必须明白几个关键点：

1. 要带着敬意去学习前辈们设计的图片，因为他们就是那些为你创造学习机会的巨人。

2. 你只需要认真地学习每张图片的优点即可。年轻人往往喜欢评价这个或批评那个，看什么都不顺眼，最后自己一无所成。只有虚怀若谷，才能够博采众长。

3. 如果你一直学习各种图片的优点，久而久之，你看到任何广告图片或创意图片，瞬间就知道这张图片的优点和缺点。在自己设计各种图片时，很容易就可以避开大部分不足之处，将优势发挥到极致。

4. 如果你想把某些精彩图片收藏起来以便更认真地学习，那么，可以借助“方片收集”这样的工具。

5. 精彩图片，要定期复习。复习时，依然要带着敬意。你要知道，你所研究过的每张真善美的图片背后的设计者都是你的老师。

6. 当你有一定的基础之后，观察一些新图片时，可以思考：如果是我，我会怎么设计这张图片？色彩怎么搭配？创意怎么突出？卖点怎么表达？文案怎么创作？

7. 当你看到某些精彩之处时，要及时做笔记，然后定期复习这些笔记，最好是每个星期复习一次。

如果锁定一个方向，认真观察并研究超过十万张图片，那么，这个领域的主流营销经验和创意，你基本上都有所了解了。

直到某一天，你要学会放下和忘记。因为你看过的每张图片传递的经验和创意，都是过去发生的、局部的，以及针对某一种具体背景或条件而设计的。

当你开始放下这些累积的素材，慢慢地，你会收获很多独特的灵感。这些灵感是从你的心灵深处自然涌现出来的。那么，这些灵感就是你最宝贵的财富。

第157招 关注一切与创意相关的东西

生活中，有些意想不到的创意令人瞬间感动。例如，小区的某个草坪上，一个大陶瓷罐倾斜放着，罐口 15 厘米外种着各种小花，离陶瓷罐越远，花朵越多。

我猜想，这位园丁心中可能想表达："春天来了，陶瓷罐掩不住春色；春色像流水一样流了出来；姹紫嫣红，铺满草地，路过的你，可曾留意？"

就在那一瞬间，我的内心被感动了。我几乎可以断言，这位园丁想表达的就是这个意思。这种感觉，好像心灵相通一样。

这位园丁的心中盛放着繁花和诗意，不禁令人心生敬意。

每遇到这样的创意设计，我都会立即拿出手机，拍下这份美丽、创意和祝福。

有的行人看到我在拍摄一片草地，可能会心生蔑视。从他们的眼神中，我可以感觉到，他们似乎想说："真是没见过世面，一片平凡无奇的草地，也拍照留念。"

如果我们的心灵是敞开的，那么，我们就会看到满园创意和美好。如果我们的心灵是闭塞的，我们就会认为“这有什么了不起？”

当一个人的内心，对生活中的各种创意缺乏敬畏，那么，他的世界就会越来越小。从此，他就会活在“这有什么了不起”的局限当中。

一个互联网的创业者，最怕的就是对创意缺乏好奇心。如果他对生活中的各种创意充满好奇，那么，在互联网的创业路上，他的内心就会淡定从容，因为他知道他的产品如何设计得更加令人爱不释手和惊叹不已。

有一次，我去巴厘岛旅游，经过乌布老街时，一位大约五岁的小男孩有点害羞地向我走来，他背着一个箩筐，后面放着很多带有巴厘岛特色的扇子。他拿着一把扇子，对着我摇了一摇，用带有地方特色的普通话跟我说了一句：“一把十块钱。”

我很感动，因为从他的眼神中，我看得出他很渴望这次推销能够成功，他很渴望给他贫困的家庭带回一位五岁小男孩成功销售之后的惊喜。

这位小男孩是我接触过年龄最小的推销员，他一个人在乌布老街上走着，推销着。

我对着他微微一笑，然后用十块钱买了一把扇子，他很开心、很感动。

这个故事告诉我，他的心灵是美好的，他希望帮助自己的家庭。他对家庭的这份心意，流露在他的眼神之中。

人生中有很多这样的偶遇。这些瞬间，都带着心灵的美好和无暇。这些珍贵的东西，都是我们在互联网创业路上所必须感悟和参透的。

这个故事貌似与创意无关，其实，却与创意有着最本质的关系。因为一切最美好的创意，都源自人们心灵深处。一切最美好的创意，都源自人们对家的热爱，以及对乡土的热爱。

第 158 招

用这个神奇的软件记录创意灵感

当你有一些灵感时，可以记录在奇妙清单这个 APP 中。

奇妙清单，有网页版，也有安卓版和 iOS 版，各个版本，可以通过同一个账号进行同步。同步是自动的，非常方便。

记录在奇妙清单上的每一个灵感，前面都有一个正方形的按钮，点击就代表完成，而且自动收藏到【已完成】分类中。

一些灵感突然涌现时，我们要尽快记录下来。如果我们养成这种习惯，那么，灵感就会越来越多。如果灵感涌现时，我们置之不理，那么，灵感就会越来越少。

每一个灵感，可以细分出更多的小灵感，奇妙清单为我们提供了记录二级任务或二级信息的功能。

当我们把互联网创业上的各种工作安排和灵感记录到奇妙清单，某个时间打开看看，就会发现，原来我们的思路是如此清晰。

有清晰的思路，才能够事半功倍。

另外，我们记录的各种创意或灵感，通过分类和排序，就可以变成一份富有价值的创意方案。

奇妙清单的各种记录，是可以打印出来的，我们要安排工作给各位员工时，就可以通过奇妙清单做各种详细的工作安排，然后把它们打印出来，发给相关的员工，非常方便。

当然，如果你有锤子手机，也可以使用闪念胶囊这个 APP。

闪念胶囊设置好之后，可以吸附在锤子手机的右上角。用手指往左拖动，闪念胶囊就会出现，方便我们快速记录各种灵感、创意或任务安排。

闪念胶囊很强大，每一个记录的右边有一个发送按钮，单击这个按钮，可以把这句话保存到聊天工具的收藏夹，或者发给某一位好友，或者自动打开邮箱并添加为邮件内容。

闪念胶囊还有多种功能，大家可以了解一下。

第159招

心存奇迹，从第一个创意开始

一开始，通过任务记录软件或灵感记录APP，你会记录很多创意或灵感。然后，你心怀希望，充满热情地想去创造很多奇迹。很快，你就发现，记录创意简单，实现创意很难。

例如，你想写一首原创歌曲，以分享你的某个创业故事。然后，很快你就发现你不懂音乐，也没有乐队，创作一首歌曲，无从下手。

你想写一本书，以分享你的创业理念、产品设计思路或企业文化。然后，很快你就发现，你不认识任何出版社的编辑，自己也未曾写过专业的文章。

你想制作一个视频，以宣传你的产品特色、公司优势或专家观点。然后，很快你就发现，你没学过视频制作软件，也不知道如何去除噪声，更不知道视频录好之后如何宣传。

因此，你可能会把你之前心血来潮时记录下来的各种创意一条一条地画掉，直接放弃。从此，面对一些实现起来有难度的创意，可能就不记录下来。然后，只记录一些诸如“修改昵称”“打电话给某位客户”“发布一篇帖子”或者“发布一段话到社交平台上”等简单的事情。

很久以后，你或许会发现，这么多年过去了，自己的事业为何没有重要的突破和进步呢？

当然，上面的几个例子都是假设。然而，互联网创业路上，类似的情况经常在我们身边发生。

其实，你与经典创意的落地执行之间，只隔着一个字——找！

如果你坚持下去，会发现，哪怕你不懂音乐，如果好歌听多了，慢慢地，你就自然懂得音乐了；你会发现，手机上有很多录音软件，你可以把你突然想哼出来的某段旋律录制下来；你会发现，电商平台上有很多音乐工作室，只要你把哼唱的旋律发给他们，他们就可以帮你编曲并做成一首音乐成品，他们有自己专业的团队。

如果你坚持下去，你会发现，通过微博，可以找到很多出版社主编的联系方式，或者直接发微博私信给他们，探讨出版书籍的事情；你会发现，写书虽然有难度，但可以从写微博开始，或者从写一篇文章开始。现在有很多自媒体人，一天写一篇文章，三个月之后，整理写好的文章，就具备出书的基本条件了。当然，文章要有一定的深度。这样，会更加受出版社和读者的欢迎。

如果你坚持下去，你会发现，Camtasia studio 和威力导演都是非常容易上手的视频制作软件，网络上有详细的教程。如果你觉得电脑编辑视频比较麻烦，手机上也有很多相关的 APP，如小影。

互联网创业路上，最令人伤心的事情莫过于在没有尝试和付出努力的前提下，就把经典的创意一个个画掉，直到某一天，待他人实现这些创意时，那个曾经充满激情且富有创意的你，只轻蔑地说了一句“这些创意，我早就想过啦”。

趁着年轻，认真去落实第一个创意吧！一切惊喜，会随之而来。

第160招 用专业平台设计五年创意思维导图

如果我们的创意可以做成思维导图，那就再好不过了。网络上，用于在线制作思维导图的专业平台，有百度脑图和幕布。百度脑图，目前是完全免费的。幕布，目前有免费版和付费版。

畅想未来，很多人都会充满激情和希望，因为未来是未知的，未来有着各种可能性和机会。因此，很多人在规划未来的互联网发展思路时，会把各种神奇的事情填满整张思维导图。

有一位前辈曾经说过："我们低估了一天能做的事情，却高估了一年能做的事情。"所以，从某种角度而言，如果我们无法用好每一天，那么，我们一样会错过或浪费未来的一年或者五年。

互联网上的创业者，最应该思考的就是："如何用好每一天？如何今天就开始行动？如何把今天的潜力发挥到极致？"

当一个人面对多种诱惑，如面对某些朋友一夜暴富的传奇故事的诱惑，面对某些推广方法可以轻松扭转盈亏局面的诱惑，面对某些仅凭一个域名就一夜翻身的故事的诱惑时，他或许就会蔑视今天原本可以埋头苦干的机会。

很多人会看不起今天可以朝着梦想的方向埋头苦干的机会，他们认为这不是机会，这是吃苦，这是最低效的奋斗。事实上，这种朝着一个梦想稳步前进，不怕吃苦的精神，是非常可贵的。正是这种人，能够把握一个个迎面而来的机会。

如何把握好今天，让今天发挥出价值，是一个非常值得思考的问题。当一个人不再迷恋诱惑，不再追求捷径，愿意以长远心稳当地去经营一个事业时，他对今天的价值和意义就有了新的理解。这种新的理解，会带来一种淡定的心态，而后，该吃苦时吃苦，该学习时学习，该慢慢走时慢慢走，该坚持时坚持，该勇敢时勇敢，该加快脚步时加快脚步。这种变化，或许就是互联网创业路上真正的成熟。

如果我们能够过好当下的每一天，那么，未来一年或五年的创意规划就变得非常有意义了。因为我们为未来的时间找到了一个可以衡量的标准，那就是，一天我们都能如此珍惜和运用好，何况未来的一年或五年？

这个时候，用百度脑图或幕布来规划未来五年的工作和方向，一切就变得更加清晰了。

第三十五章 走心营销

第161招 当大部分人都为钱出发时，你为心出发

当一个人研究互联网或者在互联网上创业，一切以钱为中心时，就可能会变得急躁或缺乏远见。

当前辈与他交流互联网时，若他感觉不到所谓的商机，他可能就会对前辈的经验或分享敬而远之或嗤之以鼻。

当一个人的身上散发着这种“没钱就没兴趣”的气息时，他可能会错过一个新网站或新 APP 刚崛起时就入驻并深入研究的机会，他可能会错过某个项目只要坚持一段时间就会迎来的转机，他也有可能错过某

位互联网前辈想跟他分享多年经验却因看到他蔑视的眼神而放弃分享的机会。

是的，他会错过很多东西。慢慢地，他会发现，原来互联网经营起来这么艰难呀！

其实，不是互联网艰难，而是他的互联网艰难。他的投机取巧，他的注重金钱而忽视其他一切的态度，导致他不断错过善缘和机会。

互联网就像一场盛会，大多数人都拿着自己的信息、观点、技术、作品或产品跟大家分享。所以，本质上，我们在互联网上的各种行为，都是在跟人打交道。

真诚是最重要的。你要把这种真诚融合到你的作品、产品或交流中。虽然网友之间隔着网络，但是，彼此的心灵都是能够感受到这种真诚的。

在网络上要保持这种真诚，我们要明白下面几个关键点：

1. 虽然远隔千里，但我们依然要面带微笑（当然不是说对着电脑要时刻微笑，这里分享的是一种态度）。

2. 如果心不平静，不与人交流。

3. 如果内心高傲，不与人分享经验，等心中的架子完全放下，再与人分享。

4. 客户是否今天成交，不强求，要理解客户。广结善缘，才是与客户交流的根本。

5. 真诚者，思维更加清晰，要把这种真诚和清晰表达在我们的作品、产品或服务之中。

6. 这个客户或者网友，今天在网络上与我们擦肩而过，我们依然要拿出后会有期的态度，让当下的这次交流或互动充满真善美。

7. 在互联网上付出的每一次努力，哪怕今天或明天不能赚钱，但只要这件事情对大家有帮助，那么，就值得努力。

8. 每一次努力，尽量不偏离自己的初心或核心方向。

9. 要相信真诚的努力和付出会有回报，只是形式不一定和你想象的一样。

第162招 送给你跟卖给你，是平等的

在网络上创业，最开心的事情就是送东西给朋友或客户。

有一次，一位网友知道我的新书即将推出，就在朋友圈中留言："能不能送一本？"

我就回复："当然可以。送给你跟卖给你，是平等的。"

然后，这位朋友很感动，他回复了一句话："既然你这么真诚，你新公司开张时，我送你一套红木办公家具。"

我们决定送东西给朋友或客户，这个决定，是我们自己跟自己的关系，与对方的回复或反应无关。

送东西给别人，最精彩的地方，就在于无须回报。当你带着无须回报的态度，在互联网上分享你的经验或作品时，你会发现，有很多惊喜发生。这种惊喜，不一定是其他的物质回报，有可能是多年之后你在路口等红绿灯时，身边某个人突然问你："你是某某吗？你还记得多年前你送给我一份作品吗？这份作品带给我很多启发。"

惊喜无处不在，如果我们坚持不求回报地分享的话。

当然，这里说的不求回报的赠送，并不是指我们所有产品都拿来赠送，而是在我们能力范围之内，在机缘成熟之时，我们不妨试一试把某些有价值或有意义的东西送给别人。

慢慢地，你会找到卖东西和送东西之间的平衡。你会发现，卖得越好，你就可以送得越多；送得越多，你就可以卖得越好。

之前，我制作了一系列微课。有一天，我给一些老朋友和老客户打电话，跟他们说我准备把这一系列微课全部送给他们。那天傍晚，我发现我的微信收到了很多红包，都是他们发过来的。

我真的没有想过他们会发红包过来。我只是内心想送一些东西给他们，然后就去表达和行动。至于他们之后是否发红包过来，这一点无须在意，也不必骄傲。因为你的初衷是赠送，只要你真诚付诸行动，当下的这个缘，就圆了。如果还执着于别人是否表达了感谢，那就是节外生枝了。

当然，有时候我们真诚地赠送东西给网友时，或许还会换来几句责骂。这个时候，考验我们心灵的机会来了。一般来说，不必辩解，只需微微一笑，下次不送给他就是了。

互联网上的缘，跟世间的缘一样，有的可以画一个完整的圆圈，有的只能画一部分。

只要你送的东西是真善美的，只要你送的初衷是真诚的，只要你送的过程是不求回报的，那么，就足够了。

互联网，真是奇妙。某一年的春节，我打开微信，发现送出去的红包很多，收到的红包也很多，甚至更多。那一刻我发现，互联网上有很多比我们更愿意、更乐意赠送的朋友存在。他们的存在，让整个互联网变得更加美好。

第163招 每句话都与产品无关，却触动心灵

一切都围绕着产品，或许某一天，你会发现，顾客竟离你而去。

顾客是否购买产品，不是因为这个产品有多优秀，而是因为他刚好需要这个产品而且有能力购买这个产品。

整个网络销售的过程，最精彩的地方是触动心灵。

只有深刻理解顾客的需求、追求和心境，站在顾客的角度，用多年的行业沉淀，去找到或创造那些精彩的文字、细节或服务，才能触动顾客的心灵。

之前，有一家女鞋公司请我做互联网顾问。一开始，它们的鞋子的退货率达到30%。后来，我给它们提了一系列建议：

1. 客户收到鞋子时，看到盒子上写着一句话：你的美，源自你的淡定和从容。

2. 盒子上贴着一张漂亮的防伪标签，上面写着：开启你的美丽人生。

3. 打开盒子，看到鞋子的旁边放着一朵玫瑰花，这朵玫瑰花，可以是玫瑰花手工皂，也可以是玫瑰花标本，最好有一种自然的香味。

4. 玫瑰花的旁边放着一张小卡片，上面写着一句话：花样年华，你值得拥有。

5. 盒子里面还放着几样小礼品：鞋贴（后跟帖）、精美鞋油套装、鞋套、另一种颜色的鞋带或配件。

6. 盒子里面放着一封信，这封信是设计师写的，上面有他的手工签名。信中有一句话："你的异想天开，或许就是我设计的灵感，欢迎你跟我探讨你的设计思路。"

这家公司，认真落实了上面几个建议，一个月之内，退货率降到 5% 甚至更少，两个月之后，销售额翻了两倍。

作为网商，要想顾客所想，甚至要比顾客想得更细致。顾客的眼睛是雪亮的，你的真诚和努力，顾客会看在眼里，感动在心里。

第164招 走心营销，贯穿辉煌与低谷

这里说的走心是指用心、发自内心深处、有感而发。

有的人可能会说：“我还没成功，走什么心呀？真什么诚呀？走心和真诚，有人看吗？”

走心和真诚不是表演，而是发自内心深处的自然流露。

严格来说，走心和真诚不为营销。走心和真诚只是做人的基本素质。只是浮躁的东西看多了，最本质的东西反而有可能被忽略。

有的人可能会说：“如果我站在巅峰之上，让我说几句走心的话，当然没问题；可如今，我在谷底，走心的话，实在说不出口呀。”

走心和真诚不是作秀。一个真诚的人，点点滴滴都能做到知行合一。在他的心里，关心顾客与关心自己是平等的。那种感同身受的感觉，是自然流露的。

他会觉得顾客是亲切的，他总希望顾客获得更多惊喜，希望顾客过得更好，所以，他会用心去设计产品和服务的每个细节。

一个人在网络上创业，从起步到发展，从发展到壮大，从淡季到旺季，又或者从旺季到淡季，种种变化，有必然，也有偶然。所以，辉煌与低谷只是一种错觉。如果我们站在全局去看，会清晰地看到来龙去脉。这时，你的内心就是淡定的。当你有了这种淡定，就会看到真诚和走心的意义。因为一个人事业上的辉煌与低谷都是辩证的，都是相辅相成的。

一个人，在低谷的时候，依然坚持真诚和正能量，未来他将走得更高。

一个人，在辉煌的时候，依然坚持真诚和正能量，未来他将走得更远。

我曾经见过一些朋友，短时间内取得了成绩，就变得不可一世，咄咄逼人。其实，他自己有意识或者无意识地为未来创造了很多阻碍。这又何必呢？

我也曾见过一些朋友，长期奋斗，却始终处于低谷中，依然坚持真诚，与客户或朋友交流，句句走心，时时用心。朋友们见到他们，也总想帮忙。后来，他们终于等到了自己的机会，一鸣惊人，稳健发展。

第165招 网络营销的每个环节，都是修行

有一次，网络上有一个威客帮我写文章，第一篇文章写得很好，第二篇文章写得一般，之后的文章写得越来越差，很多细节都需要我公司的内部员工重新修改。

这个威客，写第一篇文章时，或许是为了争取到长期合作的机会，所以用心写作。确定合作之后，就变成为拿稿费而写，越写越没热情，越写越急躁。

如果每篇文章都用心写作，那么就是修行。

如果每篇文章都只为稿费而写，迫不及待，忽略细节，粗枝大叶，那么就是迷失。

为了稿费而迷失了写作之道，就得不偿失。

网络创业路上，这类事情经常遇见。

有一次，我的原创音乐《美好华年》请乐队重新编了曲，需要请网络歌手演唱。我在网络上听了近百位歌手的作品，最后选了六位歌手（三

位男生和三位女生）帮我录制歌曲。

一个星期后，我陆续收到他们录制好的作品，发现只有一位女歌手真正用心在歌唱和录制，其他五位歌手都有点投机取巧，录制出来的声音效果与我试听时的声音效果完全不在同一水平。那位女歌手，多次尝试和努力，录制了多个版本，最后选择了最好的一个版本发给我。

修行，抑或是迷失，在这里可见一斑。

在网络上创业，千万不要只看着钱，而忽视了在最年轻的时候认真修行。这里说的修行，是指明白互联网的大道，在网络创业的各个环节，不断修炼自己的内心、能力和品质，不断遇见更好的自己的过程。

说到音乐，我想起了一位前辈，他姓方，大家都叫他方老师，他是国内优秀的吉他手。

有一次，好朋友俊鹏和岳恩带我去拜访方老师。他们都是音乐专家，只有我是业余爱好者。寒暄几句之后，他们开始用乐器弹奏他们的原创音乐作品，大家不亦乐乎。

一个小时后，方老师突然问："俊雅，你的音乐作品呢？"

我很惊讶，答："方老师，我没有什么音乐作品，只是偶尔会哼一些旋律，然后用手机录下来。"

方老师说："播来听听。"

我随便选了一首，播放给大家听。我原本想播放几首给大家听，让他们看看哪首合格，没想到，方老师已经拿着笔和笔记簿，快速地把刚才播放的那段旋律用简谱记录了下来。

那一瞬间，我看到一位真正的音乐专家无比真诚的态度，他用非常快的速度记录那段旋律的简谱。当旋律播放完时，他刚好记录完毕。

说真的，那一瞬间，给我留下的印象非常深刻。我原本很惭愧，因为我始终觉得我是业余爱好者，我哼唱的旋律，严格上不能称为音乐作品。没想到方老师、俊鹏和岳恩都用非常真诚的态度聆听和记录这段旋律。那种对音乐的态度，是他们送给我最精彩和美好的礼物。

紧接着，他们开始演奏这首曲子，方老师弹吉他，俊鹏弹钢琴，岳恩弹贝斯。大概经过 20 分钟的磨合，他们为我的这段旋律制作了一个最初的音乐小样，然后用 MP3 格式发给我。

后来，他们通过十几次的见面交流和合作，历经半年时间，为这段旋律制作了一个完整的音乐版本，我把这首曲子命名为《梦回盛唐》。大家可以打开酷狗或者 QQ 音乐，搜索“梦回盛唐”，就可以听到了。

方老师、俊鹏和岳恩对音乐的一言一行，都是在修行。在网络上创业的我们，应该向他们学习这种态度和精神。

第三十六章 品牌营销

第166招 一张神奇的网络营销总图

有一位朋友，多次创业却一直没有突破。有一次，我到他的公司拜访，喝茶间，他跟我诉说他在互联网上创业和营销遇到的种种困难。

我被他多次创业、屡败屡战的精神所感动，于是，我决定用一个月的时间，总结自己过去多年的互联网营销经验，为他设计一张互联网创业和网络营销的思维总图。

经过一个月的努力，这张总图终于完成。然后，我找印刷公司把它印刷出来，宽 1 米、长 4.6 米。这张总图，分享了网络营销最重要的几个部分，包括品牌营销、传播源设计、社交网络营销、视频营销和转化率提升等多方面的方法和秘诀。

当我把这张总图送到他的公司时，他感动不已，马上安排同事把这幅总图贴到办公室的墙壁上。之后，他时常参考这张总图，并安排员工按照总图的思路布置各种网络营销工作。

后来，他的一些朋友和客户到他办公室交流时，也看到这张总图。于是，他们都认识了我。其中，有多家公司聘请我当顾问，邀请我指导他们公司的互联网运营工作。

这张总图的故事，带给我们几点启发：

1. 赠人玫瑰，手留余香。有时候，不求回报地去帮助别人，你会有惊喜的收获。

2. 网络营销工作，要站在品牌的高度，用五年、十年的长远心去规划每个阶段的工作。这样，你会发现，其实网络创业很简单、很精彩，每个阶段都会有惊喜。

3. 网络营销是一个系统工程，不要过于追求局部的效果，要重视全局的平衡。

4. 只有真正发自内心地想去创造一个品牌，你才愿意在互联网道路上摸索、跋涉、奋斗十年或者二十年。

后来，我把这张总图送给了多位网商朋友，他们都印刷出来并贴在自己公司的墙壁上。一段时间过去了，他们都向我反映这张总图带给了他们很多启发和收获。

所以，今天我决定把这张总图分享给每位读者，大家打开我的公众号（Junya9 或 Lebozhe），回复【总图】，就可以获得这张总图的高清版本。

第167招 遇见互联网，你的使命是什么

每个人对互联网的理解不同，如果你坚持真善美，那么，你会发现，互联网是神奇的、伟大的、充满各种机会的。

坚持真善美，至关重要。当你内心所思都是真善美，那么，你就会在互联网上搜索、整合、创造真善美的东西。

当你通过互联网不断创造高质量的内容，并且不断分享、布施，以帮助更多人，那么，你会发现：互联网上的机会越来越多；你在互联网上的人缘也越来越好。

那时，你或许会静下来思考一个问题：遇见互联网，你的使命是什么？

简单来说，我们遇见互联网，共同的使命都是：通过互联网，帮助更多人。

具体而言，有的人想创造一个品牌，有的人想打造一个网络商城，有的人想创造一种全新的技术，有的人想设计一个伟大的网站或 APP，有的人想赚钱养家糊口。

一个在互联网上拥有使命感的人，会隐隐约约感觉到他要去完成一个真善美而且伟大的事情，这件事情非他莫属。

当你想通过互联网去完成一个真善美而且伟大的使命，那么，你要明白以下几个关键点：

1. 忘记鲜花与掌声，在未来漫长的日子里，你可能将孤独地去研究互联网的方方面面。

2. 一个要创造奇迹的人，对互联网上的各种信息、问题和机遇，一定要有自己独特的见解，要多尝试从不同的角度去思考一个问题。

3. 最重要的事情，就是在互联网上广结善缘，尽最大的努力帮助更多人。

4. 趁着年轻，要尽快打造自己的核心竞争力。

5. 留意互联网上的各种变化和机会，但不要迷信网络上一夜暴富的各种神话，很多人的成功故事都经过了改编和放大，你有属于自己的真实、精彩和机会。

6. 时常问自己，你是否做到知行合一？互联网之路，其实不难，只是很多人无法坚持心中的想法，时常被各种浮夸的故事影响了自己的脚步，以致多年过去，心中的使命依然遥不可及。

如果你明白了这六个关键点，并且一步一个脚印走下去，你会发现，你的每一步都带着自信，而且一切都在慢慢地变化，一切善缘也慢慢地成就，你心中的使命越来越清晰，梦想不再遥不可及。

第168招 一年坚持、十年坚持还是百年坚守

国内某个电视台曾经推出一套关于品牌的系列纪录片，名字好像叫做《品牌的故事》。这套纪录片，详细地分享了世界各个领域的著名品牌历经百年沧桑、不言放弃、坚持创新且一路走到今天的传奇故事。

这套纪录片，值得好好研究和学习。大家在观看的时候，一定要做笔记。尤其是某些品牌在遇见问题时，灵魂人物在十字路口做出决定性选择时的那种策略和勇气，更值得我们思索和学习。

这套纪录片中分享的大多数品牌，都做到了百年坚持，因而，才有了今天的辉煌。

百年坚持，成就品牌的参天大树。百年坚持，让创始人的初心在历史的变迁和商海的变革中不断得到验证和印证。

做到百年坚持，实属不易。在今天变幻莫测的互联网时代，能够做到十年坚持，已经相当了不起。

我们的身边，不乏这样的朋友，他们两年前说正在做着某种事业，

一年前又说刚转行做了另一款产品，今天，又说之前的选择是错的，现在正在做某个事情。

有一些朋友，在短短的两三年换过几十个行业。这种频繁的转行，会导致他们在每个行业都无法完成深入的研究和留下丰富的沉淀。

目前，大多数成功创业者都比较尊重那种在某个领域能够扎根十年左右的年轻人。这些长辈，更愿意把机会和资源与这样的年轻人分享。

有一些朋友，每过一两个月就会问："最近有哪些最好的互联网推广方法呢？"

这些朋友，不断地问，长年累月地问，乐此不疲。他们总期待某一天，天上掉下某一种独特的互联网方法，然后一夜暴富。其实，网络上的各种推广方法和营销方法，只要真善美，那么，都值得坚持。任何一种方法，研究到一定的程度，你都能发现其奇妙的地方。

一夜暴富的思想，导致很多年轻人不断追逐各种一闪而过的机会，而忽视扎根互联网的土壤，用长远心去浇灌和培养一棵以自己品牌命名的参天大树。

最后，我想跟大家分享一个故事。我妻子的外公今年八十岁，一生热爱字谜和美术。前段时间，我和妻子去看望他。他给我们看了一篇他的随笔，上面写着：

他们了不起，我们怎么办？

想想自己和街坊邻里

做不到什么大事

都是凡夫俗子

要么想到世界首富比尔·盖茨

面子光荣 一生大喜

软件路上成就里程碑

要么想到科学大师杨振宁

他掌握物理知识

为中华崛起 世界腾飞

我们不能与他们相比

我们知识有限

甘愿服气

但人生不能放弃

心有自知之明

一心种番薯

直到丰收为止

我和妻子看后，感动不已。老骥伏枥，志在千里。

互联网上的各种方法，万变不离其宗。年轻人，要用最初的十年，学习互联网的方方面面，探索并找到互联网的根本规律，而后，通过多年的沉淀，用你独特的眼光，会发现，互联网时代才刚刚开始，互联网上依然充满着各种机会！

那么，接下来，就是你大展身手的时候了！

致谢

经过一年的准备和努力，这本书终于完成了。借此机会，我要向所有对本书的写作和出版给予鼓励、支持和帮助的朋友们表达最真诚的谢意。

感谢仲昭川老师，引荐我与电子工业出版社结缘。

感谢刘声峰编辑多次的指导、支持和帮助。

感谢朱林、刘远、任拥军和陈惠兵等朋友对本书的大力支持。

感谢我的师兄苏强在我大学期间教导我要站在哲学的层面思考互联网。

感谢我的语文老师张翠玲教授在我大学期间对我写作能力的教导和培养。

感谢我的大学校长张连绪教授在我大学毕业时（2006 年）就用自

己的工资帮助我出版我的第一本书籍，让我体会到出版的意义和写作的乐趣。

感谢我的妻子在我创作本书期间对我无微不至的照顾和默默的支持。感谢她的鼓励、启发和帮助。

感谢来自全国各地、各行各业的读者。其中，有一部分读者一年前就预订此书多册，特此鸣谢：曾桂林、梁珍华、温浩、林立、刘阳、郝从仁、郑一帆、陈家贞、钟尚宏、孙志阳、韦清景、赖梅芳、温春恒、陈丰裕、李久焱、傅声浩、刘清波、凌小、曾肖静、吴帅、曾凡清、戚邦昆、张楚、刘志文、何荣雨和潘镇林等朋友。

感恩时代，感恩互联网。

图书在版编目（CIP）数据

网络营销168招：郑俊雅十二年互联网营销实战秘诀 / 郑俊雅著. —北京：电子工业出版社，2017.9

ISBN 978-7-121-32279-2

Ⅰ. ①网… Ⅱ. ①郑… Ⅲ. ①网络营销－基本知识 Ⅳ. ①F713.365.2

中国版本图书馆CIP数据核字（2017）第173523号

策划编辑：刘声峰
责任编辑：刘声峰　　特约编辑：刘广钦　刘红涛
印　　刷：三河市鑫金马印装有限公司
装　　订：三河市鑫金马印装有限公司
出版发行：电子工业出版社
　　　　　北京市海淀区万寿路173信箱　邮编 100036
开　　本：720×1 000　1/16　印张：27.5　字数：259千字
版　　次：2017年9月第1版
印　　次：2017年10月第2次印刷
定　　价：65.00元

凡所购买电子工业出版社图书有缺损问题，请向购买书店调换。若书店售缺，请与本社发行部联系，联系及邮购电话：（010）88254888，88258888。

质量投诉请发邮件至zlts@phei.com.cn，盗版侵权举报请发邮件至dbqq@phei.com.cn。

本书咨询联系方式：39852583（QQ）。